AF189227

Impressum
Verlag: BABADADA GmbH, Nedderfeld 112 , 22529 Hamburg
Geschäftsführer / Verlagsleitung: Harald Hof
Druck: Books on Demand GmbH, In de Tarpen 42, 22848 Norderstedt

Imprint
Publisher: BABADADA GmbH, Nedderfeld 112 , 22529 Hamburg, Germany
Managing Director / Publishing direction: Harald Hof
Print: Books on Demand GmbH, In de Tarpen 42, 22848 Norderstedt

σχολείο
escuela

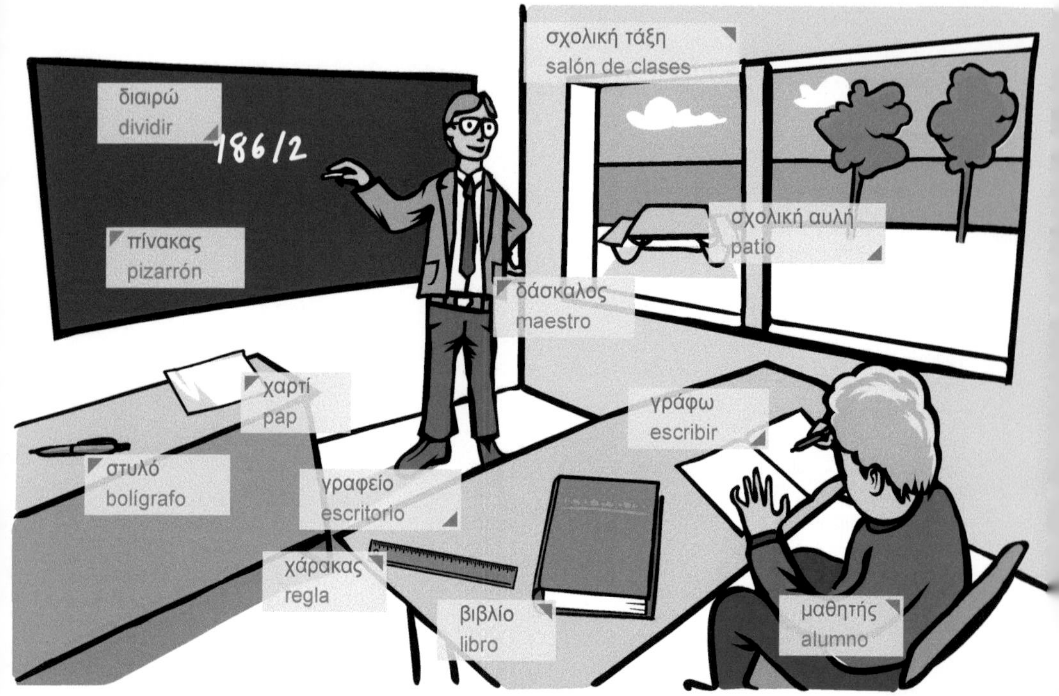
σχολική τάξη
salón de clases
διαιρώ
dividir
186/2
πίνακας
pizarrón
σχολική αυλή
patio
δάσκαλος
maestro
χαρτί
pap
γράφω
escribir
στυλό
bolígrafo
γραφείο
escritorio
χάρακας
regla
βιβλίο
libro
μαθητής
alumno

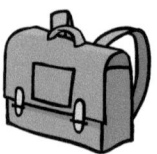

σχολική τσάντα

mochila

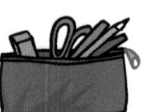

κασετίνα/ μολυβοθήκη

caja de lápices

μολύβι

lápiz

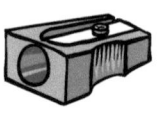

ξύστρα

sacapuntas

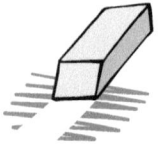

γόμα

goma de borrar

μπλοκ ζωγραφικής

bloc de dibujo

ζωγραφική

dibujo

πινέλο

pincel

κουτί χρωμάτων

caja de lápices de color

ψαλίδι

tijeras

κόλλα

pegamento

τετράδιο ασκήσεων

libro de ejercicios

εργασία για το σπίτι

tarea

12

αριθμός

número

2+2

προσθέτω

sumar

5-2

αφαιρώ

restar

2✕2

πολλαπλασιάζω

multiplicar

υπολογίζω

calcular

A

γράμμα

letra

ABCDEFG HIJKLMN OPQRSTU VWXYZ

αλφάβητο

alfabeto

hello

λέξη

palabra

κείμενο

texto

διαβάζω

leer

κιμωλία

tiza

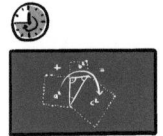

μάθημα

lección

εγγράφομαι

cuaderno de clase

τεστ

examen

πιστοποιητικό

certificado

μαθητική στολή

uniforme

εκπαίδευση

educación

εγκυκλοπαίδεια

enciclopedia

πανεπιστήμιο

universidad

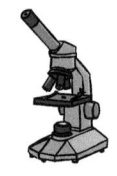

μικροσκόπιο

microscopio

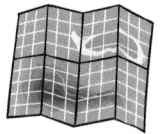

χάρτης

mapa

καλάθι αχρήστων

bote de basura

ταξίδι
viaje

ξενοδοχείο
hotel
Grand
ξενώνας
hostel
ROOMS
CHANGE
ανταλλακτήρια συναλλάγματος
casa de cambio
βαλίτσα
maleta
αυτοκίνητο
carro

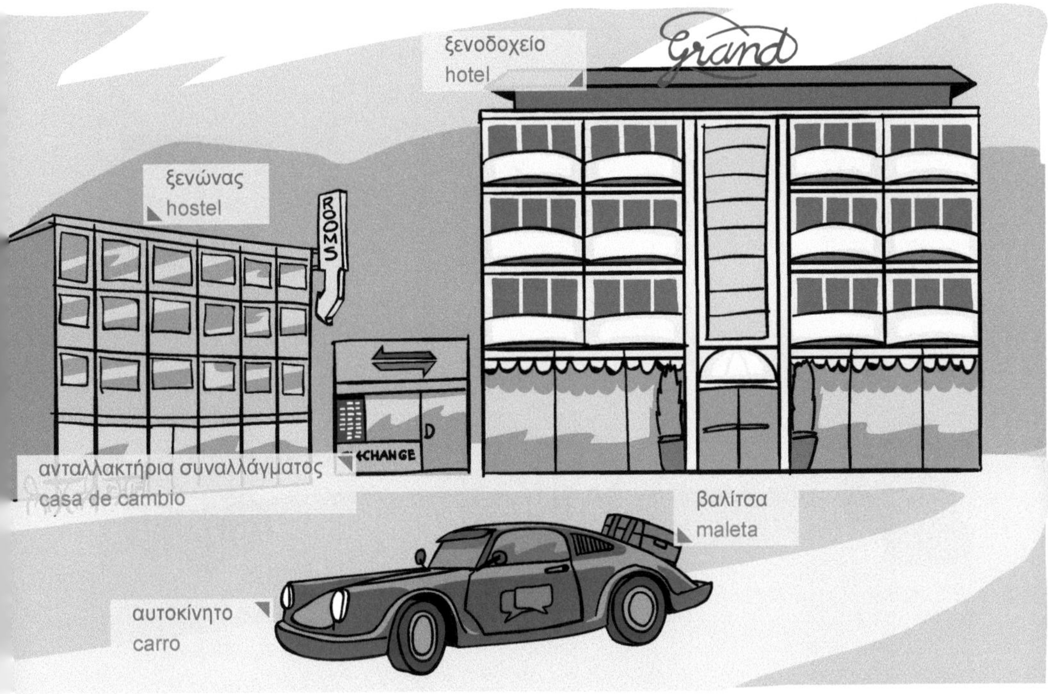

γλώσσα

idioma

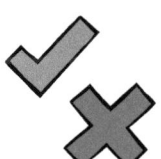

ναι / όχι

sí / no

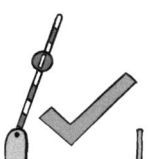

εντάξει

Órale

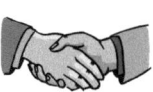

γεια σου

hola

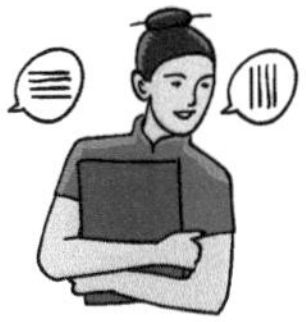

μεταφραστής

traductor

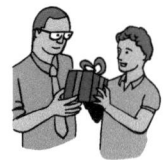

Ευχαριστώ

Gracias

πόσο κάνει ;

¿cuánto cuesta...?

Δε καταλαβαίνω

No entiendo

πρόβλημα

problema

Καλησπέρα!

¡Buenas tardes!

Καλημέρα!

¡Buenos días!

Καληνύχτα!

¡Buenas noches!

Αντίο

adiós

κατεύθυνση

dirección

αποσκευές

equipaje

τσάντα

bolsa

σακίδιο πλάτης

mochila

καλεσμένος

invitado

δωμάτιο

recámara

υπνόσακος

bolsa de dormir

σκηνή

tienda de campaña

τουριστικές πληροφορίες

información turística

παραλία

playa

πιστωτική κάρτα

tarjeta de crédito

πρωινό

desayuno

μεσημεριανό

almuerzo

δείπνο

cena

εισιτήριο

billete

ανελκυστήρας

ascensor

γραμματόσημο

sello

σύνορα

frontera

τελωνείο

aduana

πρεσβεία

embajada

βίζα

visa

διαβατήριο

pasaporte

μεταφορά
transporte

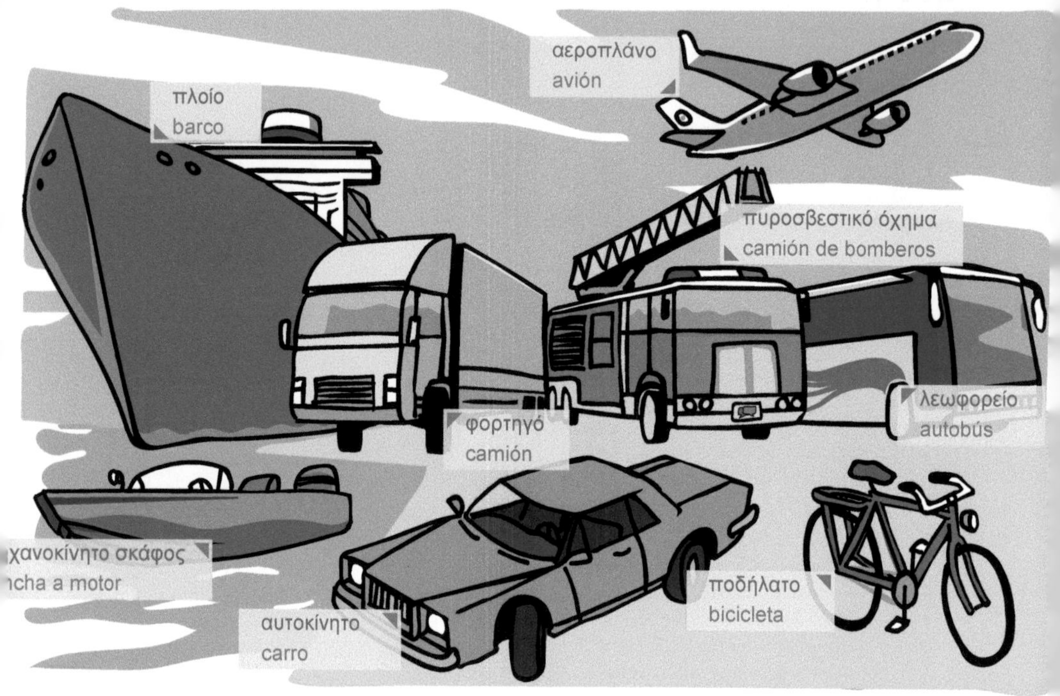

πλοίο
barco
αεροπλάνο
avión
πυροσβεστικό όχημα
camión de bomberos
φορτηγό
camión
λεωφορείο
autobús
χανοκίνητο σκάφος
cha a motor
αυτοκίνητο
carro
ποδήλατο
bicicleta

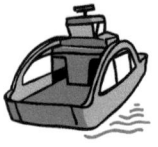

φεριμπότ

ferry

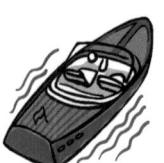

βάρκα

bote

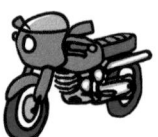

μοτοσικλέτα

motocicleta

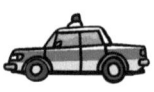

περιπολικό

patrulla

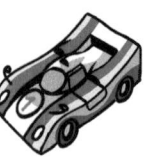

αγωνιστικό αυτοκίνητο

coche de carreras

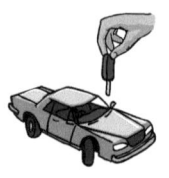

ενοικιαζόμενο αυτοκίνητο

auto para rentar

διαμοιρασμός αυτοκινήτων

renta de autos

γερανός

grúa

απορριμματοφόρο

camión recolector de basura

κινητήρας

motor

καύσιμο

gasolina

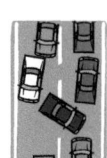

βενζινάδικο

gasolinera

πινακίδα σήμανσης

señal de tráfico

κυκλοφορία

tránsito

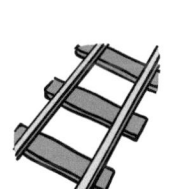

κυκλοφοριακή συμφόρηση

embotellamiento

χώρος στάθμευσης

aparcamiento

σιδηροδρομικός σταθμός

estación de tren

σιδηροδρομικές γραμμές

vías

τρένο

tren

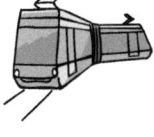

τραμ

tranvía

βαγόνι

vagón

ελικόπτερο

helicóptero

αεροδρόμιο

aeropuerto

πύργος

torre

επιβάτης

pasajero

εμπορευματοκιβώτιο

contenedor

χαρτοκιβώτιο

caja de cartón

καρότσι

carretilla

καλάθι

cesta

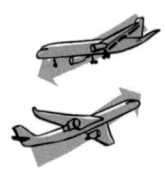

απογειώνομαι /
προσγειόνομαι

despegar / aterrizar

πόλη
ciudad

χωριό

pueblo

κέντρο της πόλης

centro de ciudad

σπίτι

casa

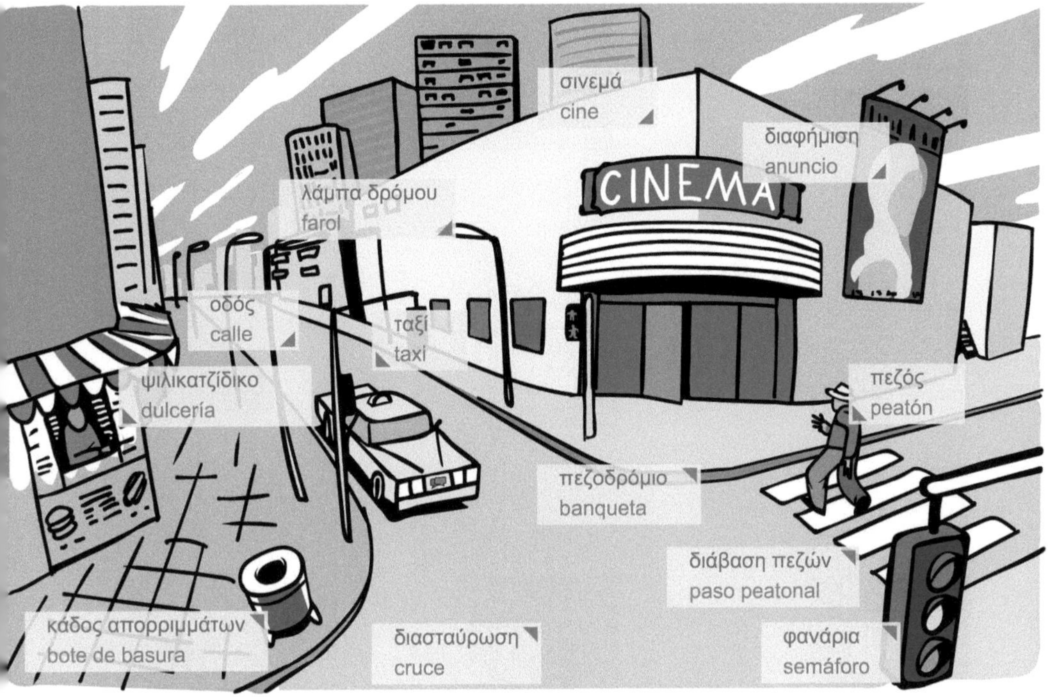

σινεμά / cine

διαφήμιση / anuncio

λάμπα δρόμου / farol

CINEMA

οδός / calle

ταξί / taxi

ψιλικατζίδικο / dulcería

πεζός / peatón

πεζοδρόμιο / banqueta

διάβαση πεζών / paso peatonal

κάδος απορριμμάτων / bote de basura

διασταύρωση / cruce

φανάρια / semáforo

καλύβα
cabaña

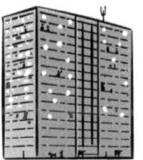

διαμέρισμα
apartamento

σιδηροδρομικός σταθμός
estación de tren

δημαρχείο
ayuntamiento

μουσείο
museo

σχολείο
escuela

πανεπιστήμιο

universidad

τράπεζα

banco

νοσοκομείο

hospital

ξενοδοχείο

hotel

φαρμακείο

farmacia

γραφείο

oficina

βιβλιοπωλείο

librería

κατάστημα

tienda

ανθοπωλείο

florería

σούπερ μάρκετ

supermercado

αγορά

mercado

πολυκατάστημα

grandes tiendas

ιχθυοπωλείο

pescadería

εμπορικό κέντρο

centro comercial

λιμάνι

puerto

πάρκο
parque

παγκάκι
banco

γέφυρα
puente

σκάλες
escaleras

μετρό
metro

τούνελ
túnel

στάση λεωφορείου
parada de autobús

μπαρ
bar

εστιατόριο
restaurante

γραμματοκιβώτιο
buzón

πινακίδα δρόμου
letrero

παρκόμετρο
parquímetro

ζωολογικός κήπος
zoológico

πισίνα
alberca

τζαμί
mezquita

πόλη - ciudad

αγρόκτημα

granja

ρύπανση

contaminación

νεκροταφείο

cementerio

εκκλησία

iglesia

παιδική χαρά

área de niños

ναός

templo

τοπίο

paisaje

φύλλο
hoja

πινακίδα κατεύθυνσης
señal

δρόμος
camino

λιβάδι
pradera

πέτρα
piedra

δέντρο
árbol

πεζοπόρος
caminante

ποτάμι
río

χορτάρι
pasto

λουλούδι
flor

κοιλάδα

valle

λόφος

montaña

λίμνη

lago

δάσος

bosque

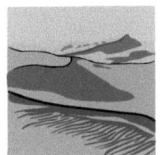

έρημος

desierto

ηφαίστειο

volcán

κάστρο

castillo

ουράνιο τόξο

arco iris

μανιτάρι

champiñón

φοίνικας

palmera

κουνούπι

mosquito

μύγα

mosca

μυρμήγκι

hormiga

μέλισσα

abeja

αράχνη

araña

τοπίο - paisaje

σκαθάρι

escarabajo

βάτραχος

rana

σκίουρος

ardilla

σκαντζόχοιρος

erizo

λαγός

liebre

κουκουβάγια

lechuza

πουλί

pájaro

κύκνος

cisne

αγριογούρουνο

jabalí

ελάφι

ciervo

άλκη

alce

φράγμα

embalse

ανεμογεννήτρια

turbina eólica

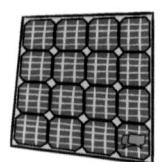

ηλιακός συλλέκτης

pansolar

κλίμα

clima

εστιατόριο
restaurante

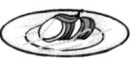

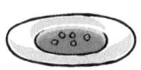

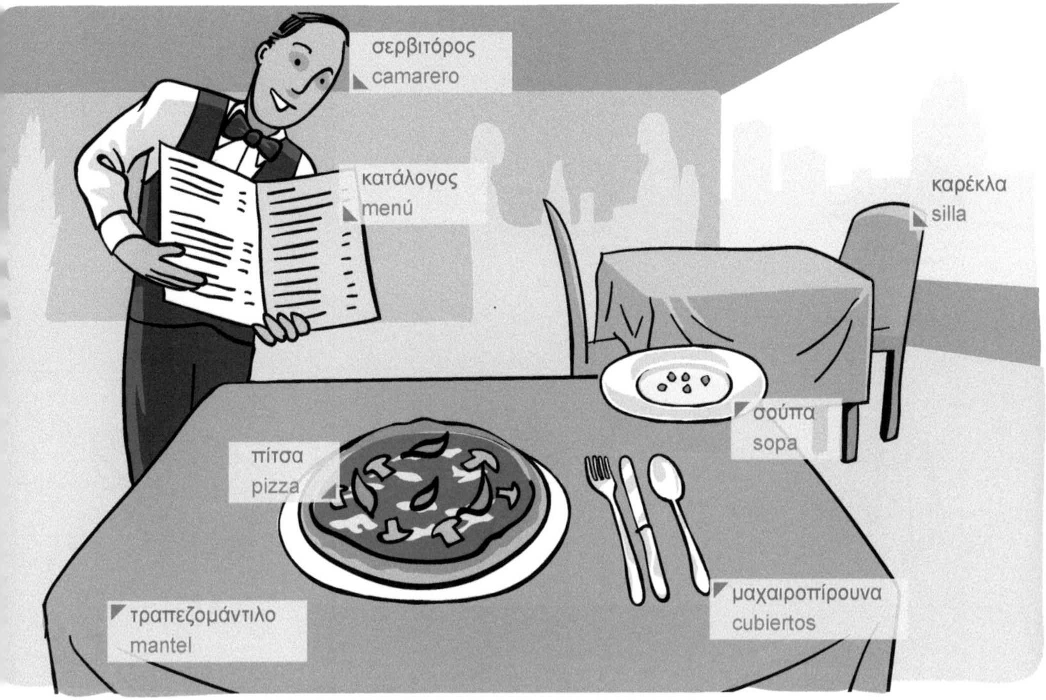
σερβιτόρος
camarero
κατάλογος
menú
καρέκλα
silla
σούπα
sopa
πίτσα
pizza
μαχαιροπίρουνα
cubiertos
τραπεζομάντιλο
mantel

ορεκτικό
....
entrada

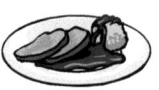

κύριο πιάτο
....
plato fuerte

επιδόρπιο
....
postre

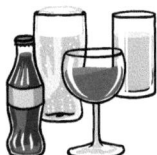

ποτά
....
bebidas

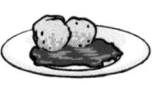

φαγητό
....
comida

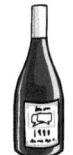

μπουκάλι
....
botella

φαστ φουντ

comida rápida

φαγητό στ' όρθιο

comida de calle

τσαγιέρα

tetera

δοχείο ζάχαρης

azucarera

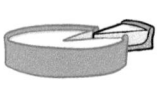

μερίδα

porción

μηχανή εσπρέσο

cafetera espresso

ψηλή καρέκλα

periquera

λογαριασμός

cuenta

δίσκος

charola

μαχαίρι

cuchillo

πιρούνι

tenedor

κουτάλι

cuchara

κουταλάκι του τσαγιού

cuchara de té

πετσέτα φαγητού

servilleta

ποτήρι

vaso

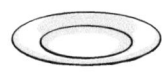

πιάτο
plato

πιάτο σούπας
plato hondo

πιατάκι φλιτζανιού
plato

σάλτσα
salsa

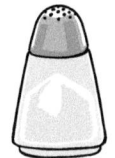

αλατιέρα
salero

μύλος για πιπέρι
molino para pimienta

ξύδι
vinagre

λάδι
aceite

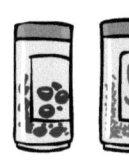

μπαχαρικά
especias

κέτσαπ
kétchup

μουστάρδα
mostaza

μαγιονέζα
mayonesa

σούπερ μάρκετ
supermercado

προσφορά
oferta especial
FOR
πελάτης
cliente
γαλακτοκομικά προϊόντα
productos lácteos
φρούτα
fruta
καρότσι για ψώνια
carrito para compras

BUTCHERS

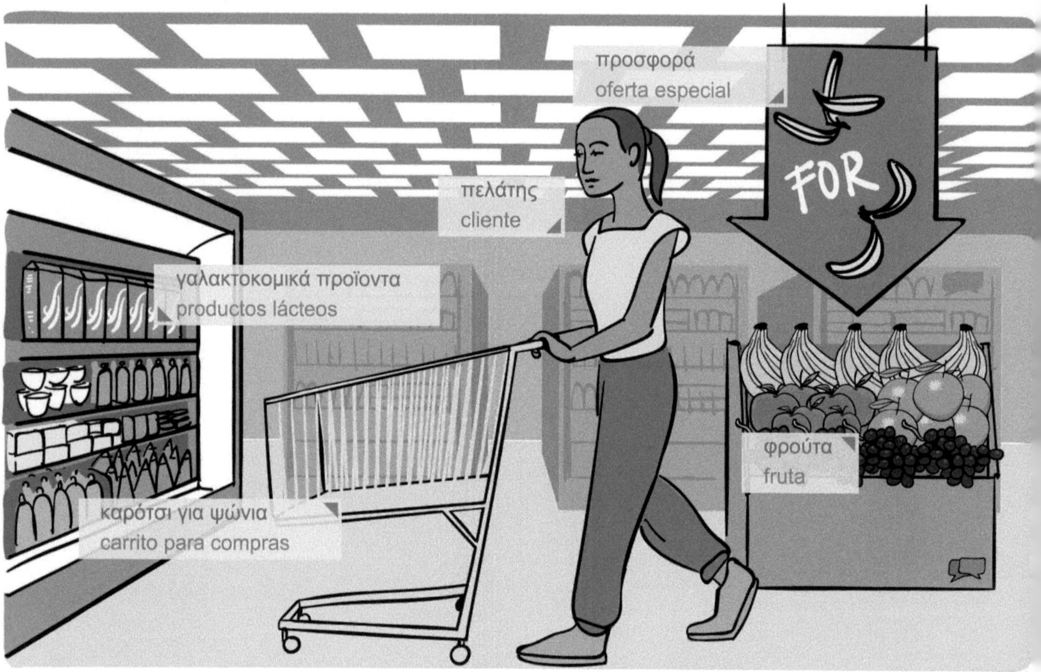

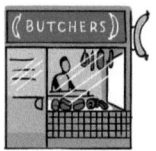

κρεοπωλείο

carnicería

BAKERY

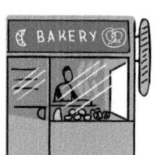

φούρνος

panadería

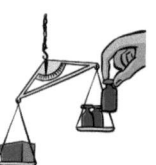

ζυγίζω

pesar

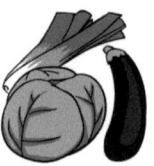

λαχανικά

vegetales

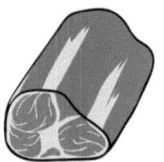

κρέας

carne

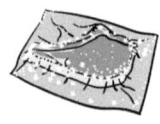

κατεψυγμένα τρόφιμα

alimentos congelados

αλλαντικά

carnes frías

κονσερβοποιημένη τροφή

alimentos enlatados

απορρυπαντικό ρούχων

detergente en polvo

γλυκά

dulces

οικιακά είδη

electrodomésticos

καθαριστικά προϊόντα

productos de limpieza

πωλήτρια

vendedora

ταμείο

caja

ταμίας

cajero

λίστα για ψώνια

lista de compras

ωράριο λειτουργίας

horario de atención al público

πορτοφόλι

cartera

πιστωτική κάρτα

tarjeta de crédito

τσάντα

bolsa

πλαστική σακούλα

bolsa de plástico

σούπερ μάρκετ - supermercado

νερό

agua

χυμός

jugo

γάλα

leche

κόκα κόλα

refresco de cola

κρασί

vino

μπίρα

cerveza

αλκοόλ

alcohol

κακάο

cacao

τσάι

té

καφές

café

εσπρέσο

espresso

καπουτσίνο

cappuccino

μπανάνα

plátano

μήλο

manzana

πορτοκάλι

naranja

πεπόνι

melón

λεμόνι

limón

καρότο

zanahoria

σκόρδο

ajo

μπαμπού

bambú

κρεμμύδι

cebolla

μανιτάρι

champiñón

ξηροί καρποί

nueces

νουντλς

fideos

μακαρόνια

espaguetis

ρύζι

arroz

σαλάτα

ensalada

πατατάκια

patatas fritas

τηγανητές πατάτες

patatas fritas

πίτσα

pizza

χάμπουργκερ

hamburguesa

σάντουιτς

emparedado

κοτολέτα

filete

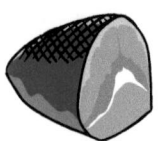

ζαμπόν

jamón

σαλάμι

salami

λουκάνικο

salchicha

κοτόπουλο

pollo

ψητό

asado

ψάρι

pescado

χυλός βρώμης

copos de avena

μούσλι

muesli

κορν φλέικς

copos de maíz

αλεύρι

harina

κρουασάν

cuernito

ψωμάκι

bolillo

ψωμί

pan

τοστ

tostada

μπισκότα

galletas

βούτυρο

mantequilla

τυρόπηγμα

cuajada

κέικ

pastel

αυγό

huevo

τηγανητό αυγό

huevo frito

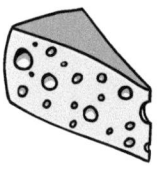

τυρί

queso

παγωτό

helado

ζάχαρη

azúcar

μέλι

miel

μαρμελάδα

mermelada

άλλειμμα σοκολάτας

crema de chocolate

κάρυ

curry

αγρόκτημα
granja

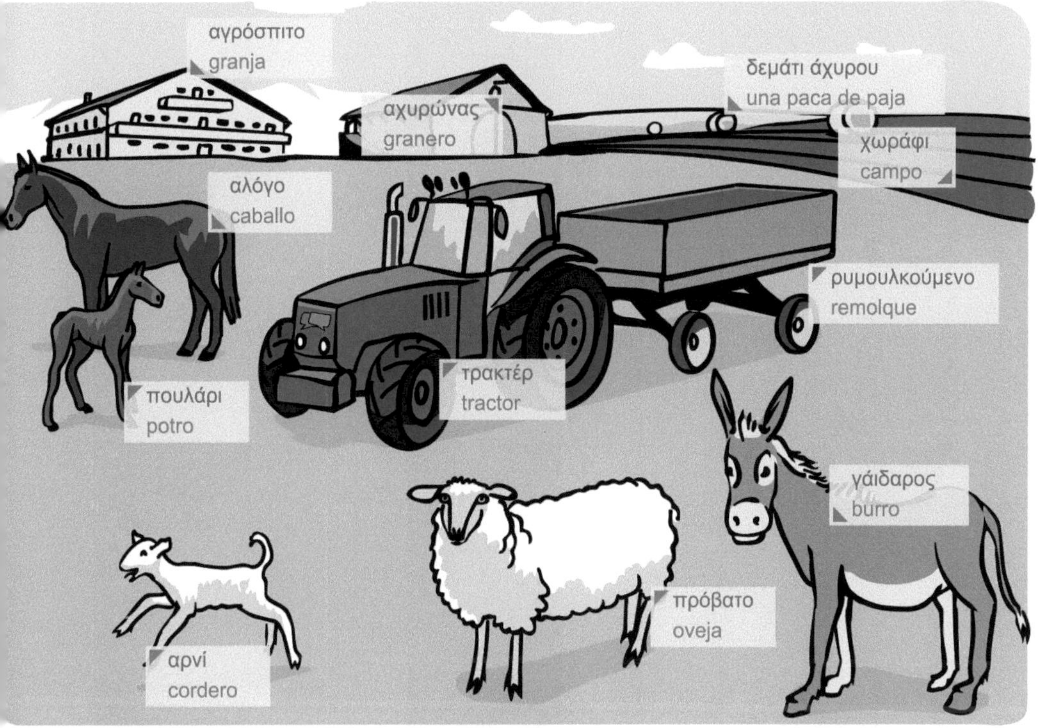
αγρόσπιτο
granja
αχυρώνας
granero
δεμάτι άχυρου
una paca de paja
χωράφι
campo
αλόγο
caballo
ρυμουλκούμενο
remolque
τρακτέρ
tractor
πουλάρι
potro
γάιδαρος
burro
πρόβατο
oveja
αρνί
cordero

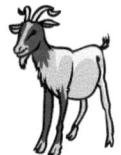

κατσίκα
cabra

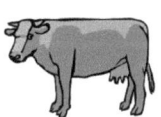

αγελάδα
vaca

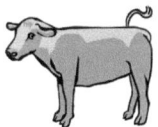

μοσχαράκι
ternero

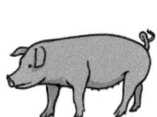

γουρούνι
cerdo

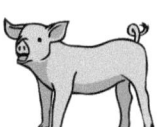

γουρουνάκι
lechón

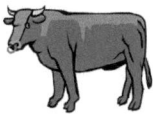

ταύρος
toro

χήνα

ganso

πάπια

pato

κοτοπουλάκι

pollo

κότα

gallina

κόκορας

gallo

αρουραίος

rata

γάτα

gato

ποντίκι

ratón

βόδι

buey

σκύλος

perro

σπιτάκι σκύλου

casa dperro

λάστιχο κήπου

manguera

ποτιστήρι

regadera

θεριστήρι

guadaña

αλέτρι

arado

δρεπάνι

hoz

τσάπα

azadón

δίκρανο

horquilla

τσεκούρι

hacha

χειράμαξα

carretilla

ταΐστρα

bebedero

δοχείο γάλακτος

bote de leche

σάκος

saco

φράχτης

valla

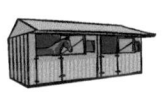

στάβλος

establo

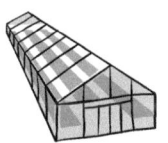

θερμοκήπιο

invernadero

έδαφος

suelo

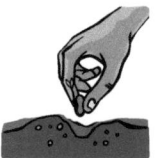

σπόρος

semilla

λίπασμα

fertilizador

θεριζοαλωνιστική μηχανή

cosechadora

θερίζω

cosechar

συγκομιδή

cosecha

γιαμς

camote

σιτάρι

trigo

σόγια

soja

πατάτα

patata

καλαμπόκι

maíz

κράμβη

semilde colza

οπωροφόρο δέντρο

árbol frutal

μανιόκα

mandioca

δημητριακά

cereales

σπίτι

casa

καμινάδα
chimenea
στέγη
tejado
υδρορροή
canalón
παράθυρο
ventana
γκαράζ
garaje
κουδούνι
timbre
πόρτα
puerta
σκουπιδοτενεκές
bote de basura
γραμματοκιβώτιο
buzón
κήπος
jardín

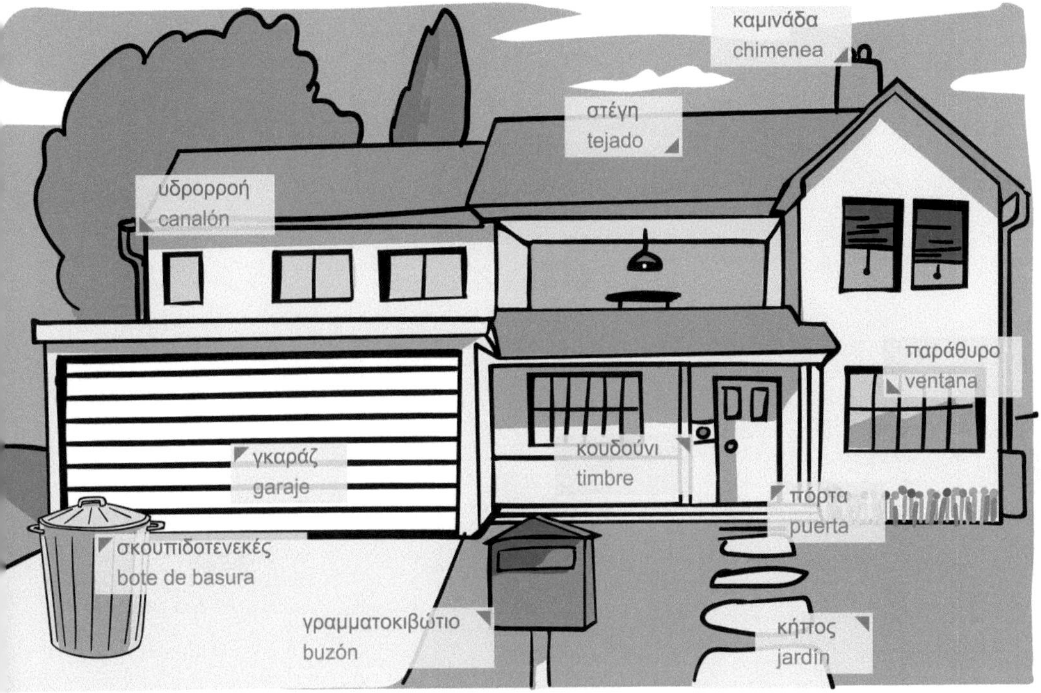

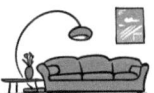

σαλόνι

estancia

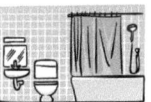

μπάνιο

baño

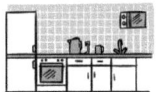

κουζίνα

cocina

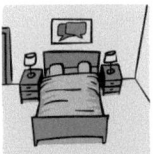

υπνοδωμάτιο

recámara

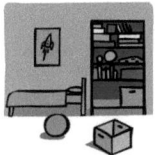

παιδικό δωμάτιο

recámara de los niños

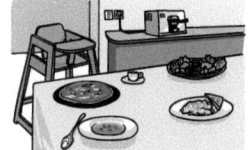

τραπεζαρία

comedor

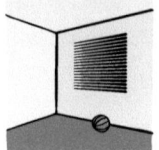

πάτωμα
suelo

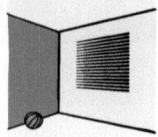

τοίχος
pared

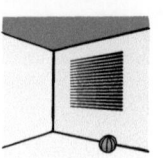

οροφή
techo

κελάρι
sótano

σάουνα
sauna

μπαλκόνι
balcón

βεράντα
terraza

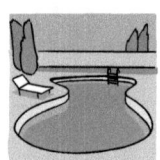

πισίνα
alberca

μηχανή του γκαζόν
cortacésped

σεντόνι
sábana

κάλυμμα κρεβατιού
colcha

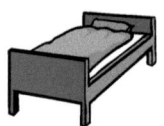

κρεβάτι
cama

σκούπα
escoba

κουβάς
balde

διακόπτης
interruptor

σαλόνι
estancia

ταπετσαρία
pappara empapelar
φωτογραφία
imagen
λάμπα
lámpara
ράφι
estante
ντουλάπι
alacena
τηλεόραση
televisión
τζάκι
chimenea
λουλούδι
flor
μαξιλάρι
cojín
καναπές
sofá
βάζο
florero
τηλεκοντρόλ
control remoto

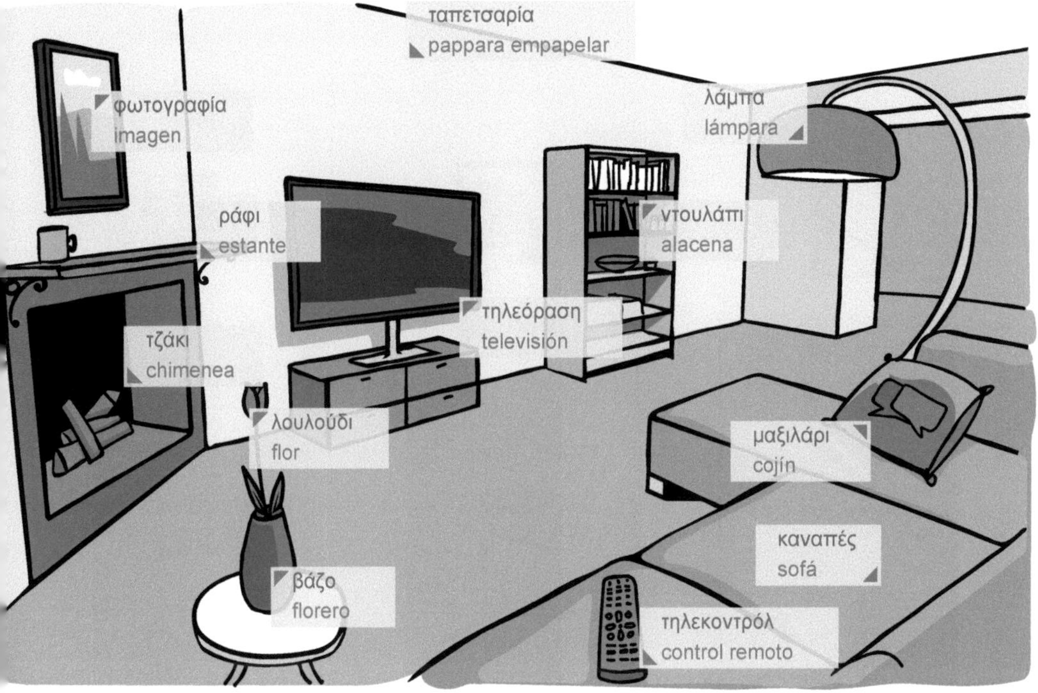

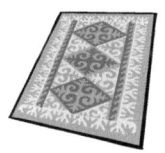

χαλί

alfombra

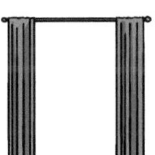

κουρτίνα

cortina

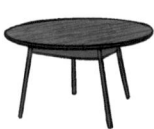

τραπέζι

mesa

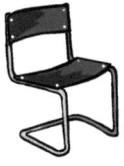

καρέκλα

silla

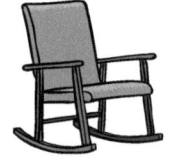

κουνιστή πολυθρόνα

mecedora

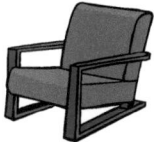

πολυθρόνα

sillón

βιβλίο
libro

κουβέρτα
frazada

διακόσμηση
decoración

καυσόξυλα
leña

ταινία
película

στερεοφωνικό σύστημα
equipo de música

κλειδί
llave

εφημερίδα
periódico

πίνακας ζωγραφικής
pintura

αφίσα
póster

ραδιόφωνο
radio

σημειωματάριο
cuaderno

ηλεκτρική σκούπα
aspiradora

κάκτος
cactus

κερί
vela

κουζίνα
cocina

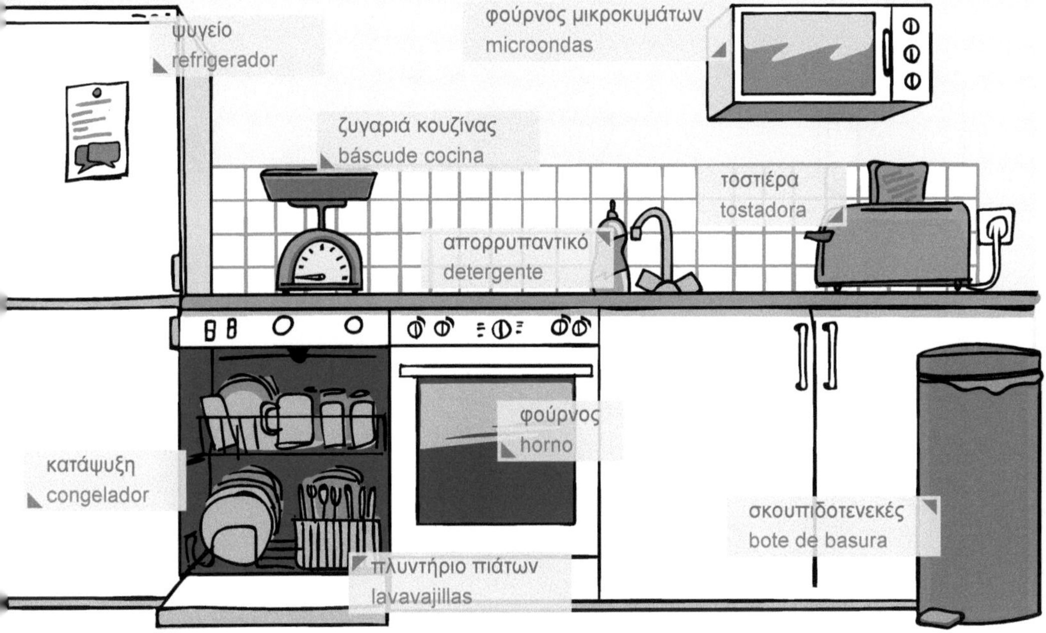

ψυγείο
refrigerador
φούρνος μικροκυμάτων
microondas
ζυγαριά κουζίνας
báscude cocina
τοστιέρα
tostadora
απορρυπαντικό
detergente
φούρνος
horno
κατάψυξη
congelador
σκουπιδοτενεκές
bote de basura
πλυντήριο πιάτων
lavavajillas

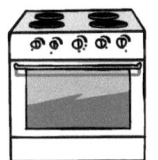

κουζίνα
opresión

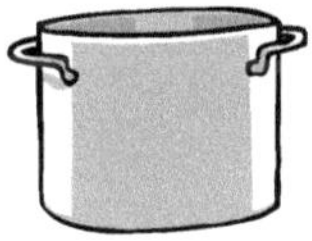
κατσαρόλα
olla

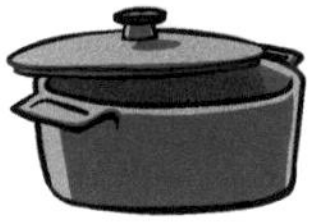
μαντεμένια κατσαρόλα
olde hierro fundido

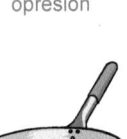

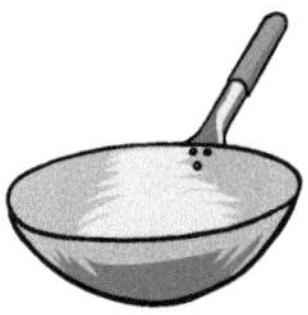
γουόκ/καντάι
wok

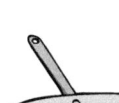

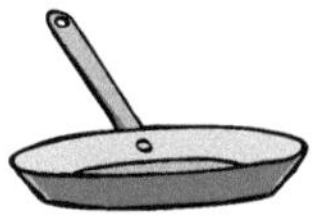
τηγάνι
sartén

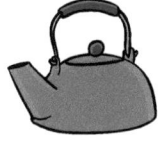

βραστήρας
hervidor

ατμομάγειρας

vaporera

ταψί

charode horno

πιατικά

loza

κούπα

taza

μπολ

bol

ξυλάκια

palillos

κουτάλα

cucharón

σπάτουλα

espátula

ανακατεύω

batidora

σουρωτήρι

colador

σουρωτηράκι

colador

τρίφτης

rallador

γουδί

mortero

ψησταριά

barbacoa

ανοιχτή φωτιά

fogata

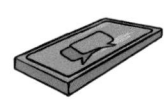

σανίδα κοπής

tabpara picar

πλάστης

rodillo para amasar

ανοιχτήρι φελλών

sacacorchos

κονσέρβα

lata

ανοιχτήρι κονσέρβας

abrelatas

γάντι φούρνου

guante de cocina

νεροχύτης

fregadero

βούρτσα

cepillo

σφουγγάρι

esponja

μπλέντερ

batidora

καταψύκτης

congelador

μπιμπερό

biberón

βρύση

llave

κουζίνα - cocina

μπάνιο
baño

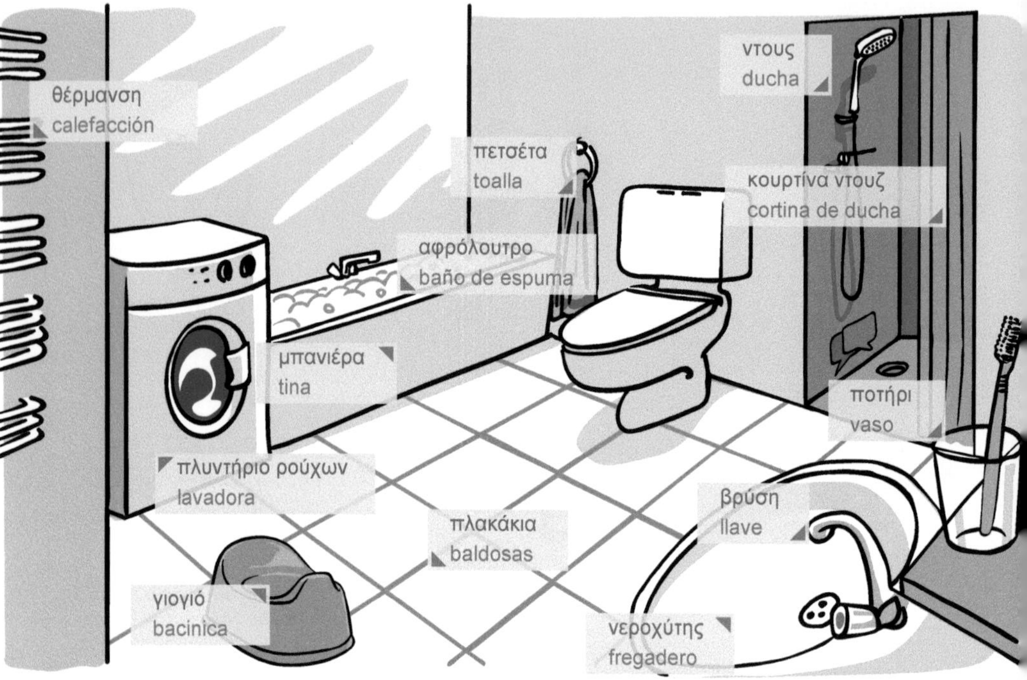
θέρμανση
calefacción
πετσέτα
toalla
ντους
ducha
κουρτίνα ντουζ
cortina de ducha
αφρόλουτρο
baño de espuma
μπανιέρα
tina
πλυντήριο ρούχων
lavadora
πλακάκια
baldosas
ποτήρι
vaso
βρύση
llave
γιογιό
bacinica
νεροχύτης
fregadero

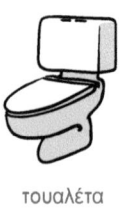

τουαλέτα
inodoro

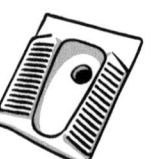

τούρκικη τουαλέτα
letrina

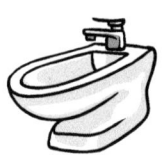

μπιντές
bidé

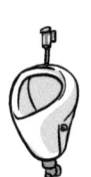

ουρητήριο
mingitorio

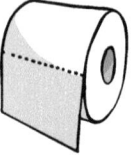

χαρτί υγείας
paphigiénico

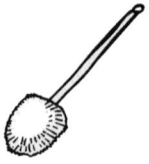

πιγκάλ
cepillo para baño

οδοντόβουρτσα

cepillo de dientes

οδοντόκρεμα

pasta dental

οδοντικό νήμα

hilo dental

πλένω

lavar

τηλέφωνο ντους

ducha de mano

ντουσιέρα

ducha vaginal

λεκάνη

fregadero

βούρτσα πλάτης

cepillo de espalda

σαπούνι

jabón

αφρόλουτρο

gde ducha

σαμπουάν

champú

φανέλα

toallita

σιφόνι

drenaje

κρέμα

crema

αποσμητικό

desodorante

καθρέφτης

espejo

καθρέφτης χειρός

espejo de tocador

ξυραφάκι

máquina para afeitar

αφρός ξυρίσματος

espuma de afeitar

αφτερσέιβ

loción para después de afeitar

χτένα

peine

βούρτσα

cepillo

σεσουάρ

secadora

λακ

laca

μακιγιάζ

maquillaje

κραγιόν

lápiz labial

βερνίκι νυχιών

esmalte para uñas

βαμβάκι

algodón

ψαλίδι νυχιών

tijeras para uñas

άρωμα

perfume

νεσεσέρ

estuche para cosméticos

σκαμπό

taburete

ζυγαριά

báscula

μπουρνούζι

bata

ελαστικά γάντια

guantes de goma

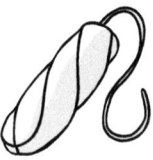

ταμπόν

tampón

πετσέτα υγιεινής

toalsanitaria

χημική τουαλέτα

baño móvil

παιδικό δωμάτιο
recámara de los niños

ξυπνητήρι
despertador
λούτρινο ζωάκι
peluche
αυτοκινητάκι
carro de juguete
κουδουνίστρα
sonaja
κουκλόσπιτο
casa de muñecas
δώρο
regalo

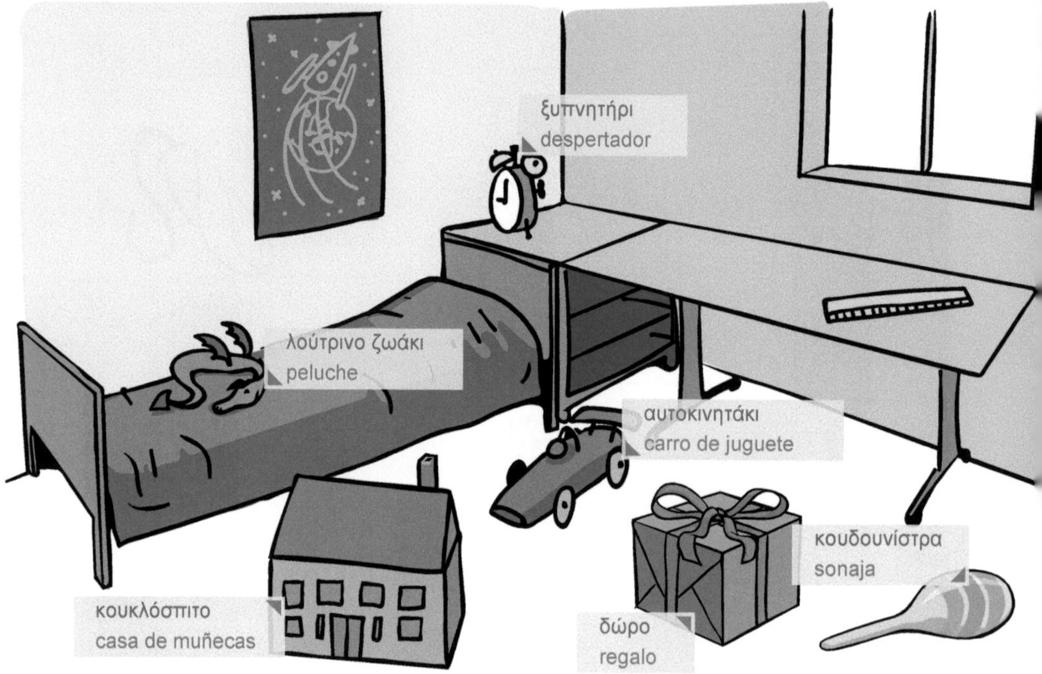

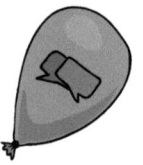

μπαλόνι

globo

κρεβάτι

cama

καροτσάκι

carriola

τράπουλα

cartas

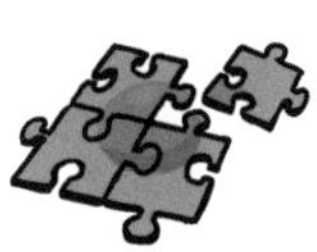

παζλ

rompecabezas

κόμικς

cómic

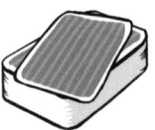

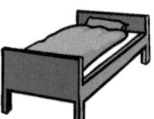

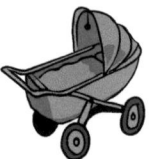

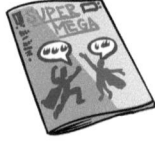

τουβλάκια lego

piezas de lego

τουβλάκια κατασκευών

bloques para jugar

φιγούρα δράσης

figura de acción

βρεφικό φορμάκι

mameluco

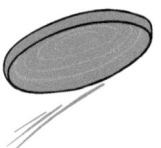

φρίσμπι

frisbee

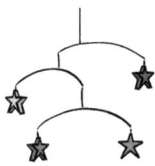

μόμπιλο

móvil para bebés

επιτραπέζιο παιχνίδι

juego de mesa

ζάρια

dados

σετ τρενάκι

tren eléctrico

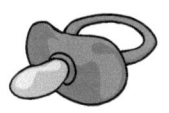

πιπίλα

maniquí

πάρτι

fiesta

εικονογραφημένο βιβλίο

álbum de fotos

μπάλα

balón

κούκλα

muñeca

παίζω

jugar

σκάμμα με άμμο

arenero

κούνια

columpio

παιχνίδια

juguetes

κονσόλα βιντεοπαιχνιδιών

consode videojuegos

τρίκυκλο

triciclo

αρκουδάκι

oso de peluche

ντουλάπα

clóset

ρούχα
ropa

κάλτσες

calcetines

καλτσοδέτες

pantimedias

καλσόν

mallas

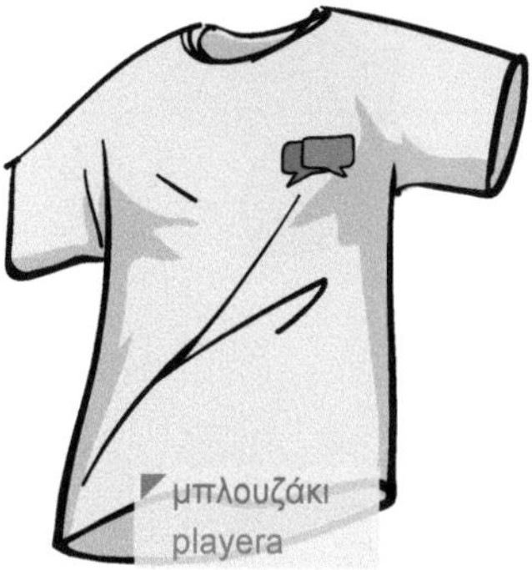

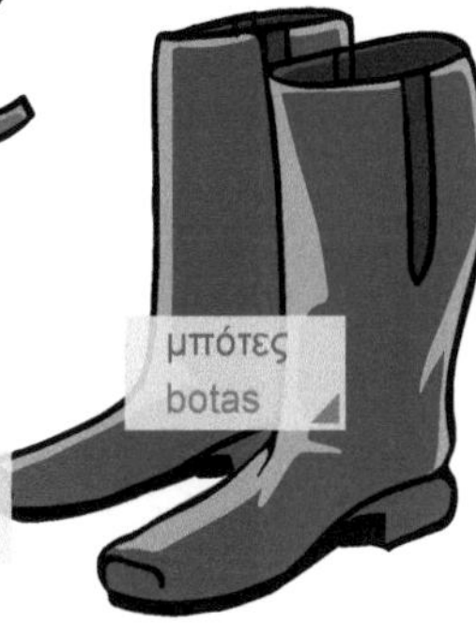

κασκόλ
bufanda

ζώνη
cinto

ομπρέλα
paraguas

μπλουζάκι
playera

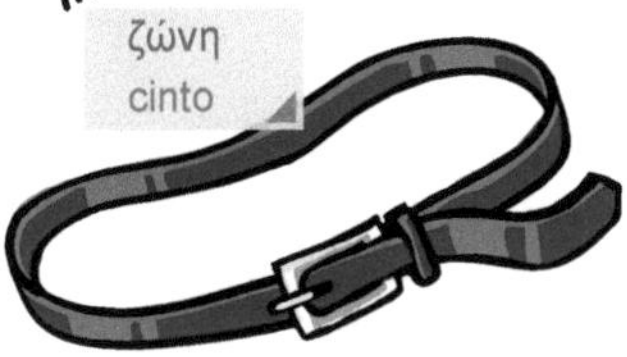

μπότες
botas

παντόφλες
chanclas

αθλητικά παπούτσια
tenis

σανδάλια
....
sandalias

παπούτσια
....
zapatos

γαλότσες
....
botas de goma

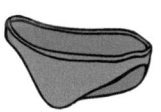

εσώρουχο
....
ropa interior

σουτιέν
....
brasier

φανέλα
....
chaleco

σώμα

body

παντελόνι

pantalones

τζιν παντελόνι

pantalones de mezclilla

φούστα

falda

μπλούζα

blusa

πουκάμισο

camisa

πουλόβερ

suéter

πουλόβερ

sudadera

σακάκι

saco sport

μπουφάν

chamarra

παλτό

abrigo

αδιάβροχο πανωφόρι

impermeable

κοστούμι

traje

φόρεμα

vestido

νυφικό

vestido de novia

κοστούμι

traje

νυχτικό

camisón

πιτζάμες

pijama

σάρι

sari

μαντήλι

pañuelo para cabeza

τουρμπάνι

turbante

μπούρκα

burka

καφτάνι

caftán

μουσουλμανικό ένδυμα

abaya

ολόσωμο μαγιό

traje de baño

ανδρικό μαγιό

short de baño

σορτς

shorts

αθλητική φόρμα

pants

ποδιά

delantal

γάντια

guantes

ρούχα - ropa

κουμπί

botón

γυαλιά

gafas

βραχιόλι

brazalete

περιδέραιο

collar

δαχτυλίδι

anillo

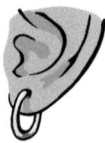

σκουλαρίκι

arete

καπέλο

gorra

κρεμάστρα

gancho

καπέλο

sombrero

γραβάτα

corbata

φερμουάρ

cierre

κράνος

casco

τιράντες

tirantes

μαθητική στολή

uniforme

στολή

uniforme

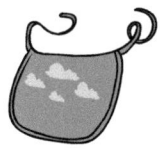

σαλιάρα

babero

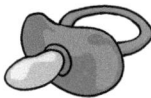

πιπίλα

maniquí

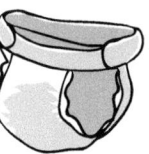

πάνα

pañal

γραφείο

oficina

σέρβερ
servidor
αρχειοθήκη
archivo
χαρτί
pap
εκτυπωτής
impresora
οθόνη
monitor
γραφείο
escritorio
ποντίκι
mouse
ντοσιέ
carpeta
πληκτρολόγιο
teclado
καλάθι αχρήστων
bote de basura
υπολογιστής
computadora
καρέκλα
silla

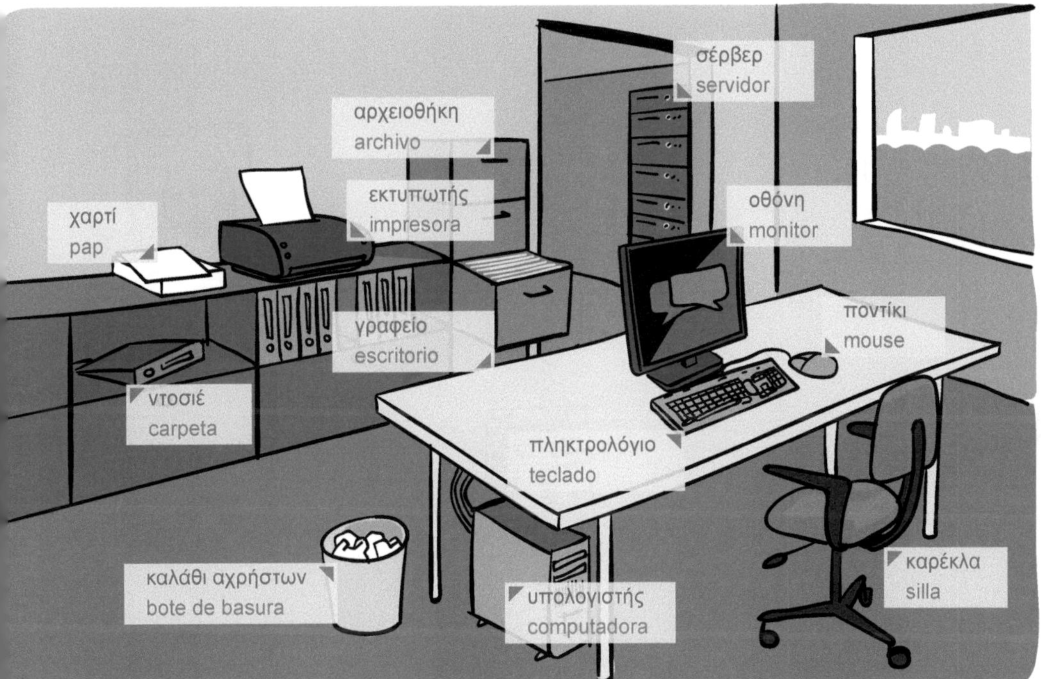

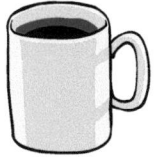

κούπα του καφέ

taza de café

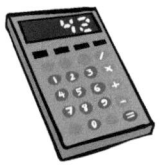

κομπιουτεράκι

calculadora

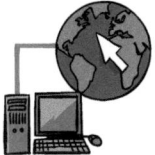

ίντερνετ

internet

λάπτοπ

notebook

γράμμα

carta

μήνυμα

mensaje

κινητό

móvil

δίκτυο

red

φωτοτυπικό μηχάνημα

fotocopiadora

λογισμικό

software

τηλέφωνο

teléfono

πρίζα

tomacorriente

συσκευή φαξ

fax

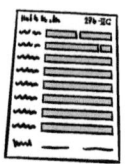

έντυπο

formulario

έγγραφο

documento

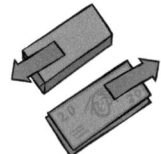

αγοράζω

comprar

πληρώνω

pagar

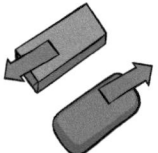

συναλλάσσομαι

hacer negocios

χρήματα

dinero

USD

δολάριο

dólar

EUR

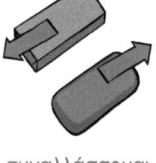

ευρώ

euro

JPY

γιεν

yen

RUB

ρούβλι

rublo

CHF

ελβετικό φράγκο

franco suizo

CNY

ρενμίνμπι γιουάν

yuan

INR

ρουπία

rupia

ATM (αυτόματη ταμειακή μηχανή)

cajero automático

ανταλλακτήρια
συναλλάγματος

casa de cambio

χρυσός

oro

ασήμι

plata

πετρέλαιο

petróleo

ενέργεια

energía

τιμή

precio

συμβόλαιο

contrato

φόρος

impuesto

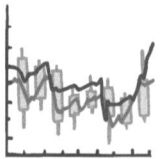

μετοχή

acción

δουλεύω

trabajar

υπάλληλος

empleado

εργοδότης

empleador

εργοστάσιο

fábrica

κατάστημα

tienda

επαγγέλματα
ocupaciones

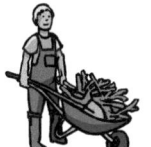

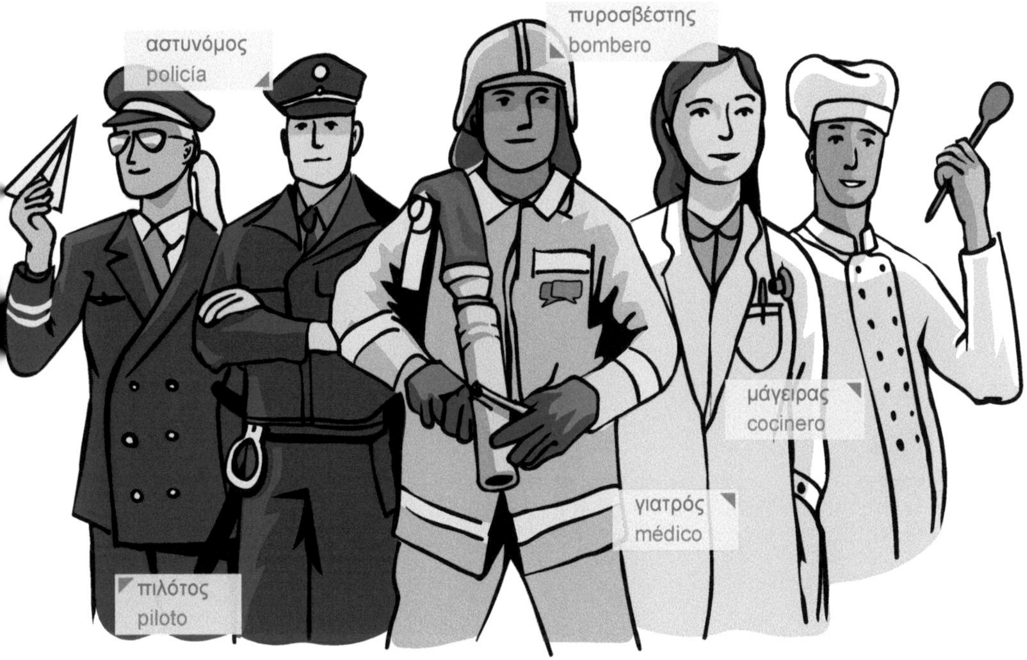

αστυνόμος
policía
πυροσβέστης
bombero
μάγειρας
cocinero
γιατρός
médico
πιλότος
piloto

κηπουρός

jardinero

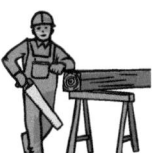

ξυλουργός

carpintero

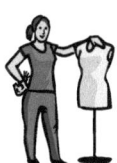

μοδίστρα

costurera

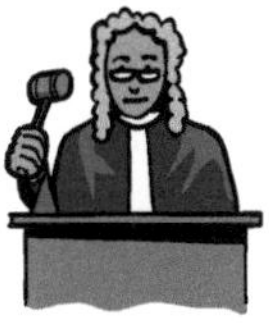

δικαστής

juez

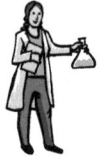

χημικός

farmacéutico

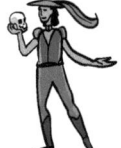

ηθοποιός

actor

οδηγός λεωφορείου

conductor de autobús

ταξιτζής

taxista

ψαράς

pescador

καθαρίστρια

señora de limpieza

τεχνίτης στεγών

instalador de techos

σερβιτόρος

camarero

κυνηγός

cazador

ζωγράφος

pintor

αρτοποιός

panadero

ηλεκτρολόγος

electricista

οικοδόμος

obrero

μηχανολόγος

ingeniero

κρεοπώλης

carnicero

υδραυλικός

plomero

ταχυδρόμος

cartero

στρατιώτης
soldado

αρχιτέκτονας
arquitecto

ταμίας
cajero

ανθοπώλης
florista

κομμωτής
peluquero

ελεγκτής εισιτηρίων
cobrador

μηχανικός
mecánico

καπετάνιος
capitán

οδοντίατρος
dentista

επιστήμονας
científico

ραβίνος
rabino

ιμάμης
imán

μοναχός
monje

ιερέας
sacerdote

εργαλεία
herramientas

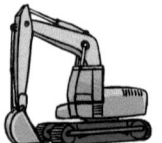

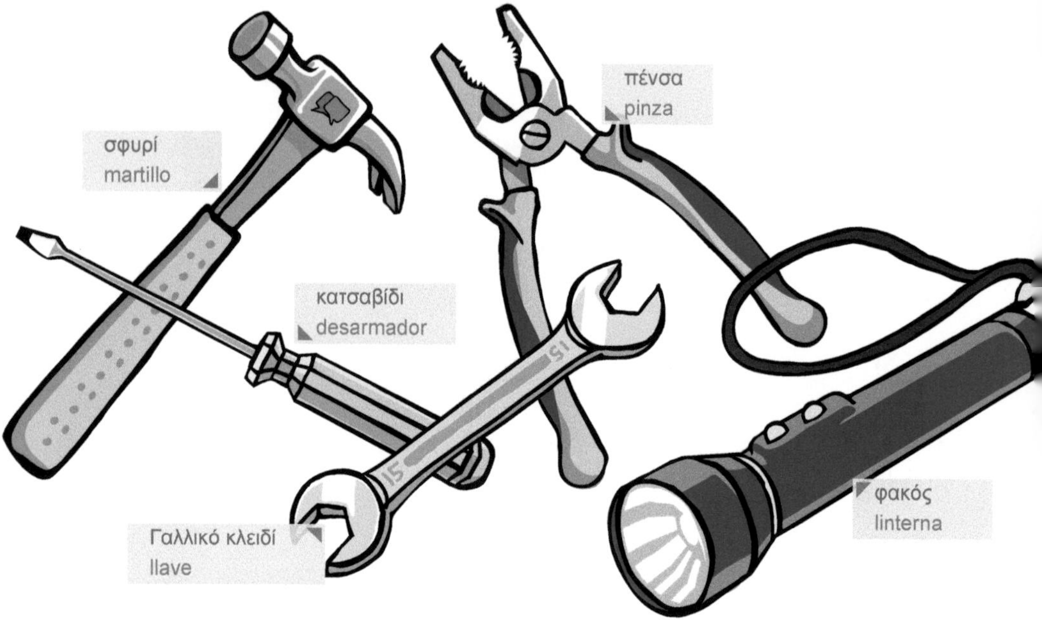
σφυρί
martillo
πένσα
pinza
κατσαβίδι
desarmador
Γαλλικό κλειδί
llave
φακός
linterna

εκσκαφέας

excavadora

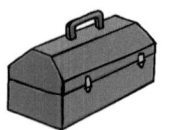

εργαλειοθήκη

caja de herramientas

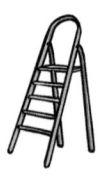

σκάλα

escalera de mano

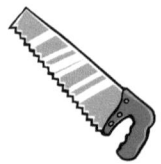

πριόνι

sierra

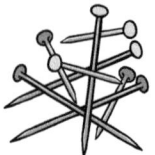

καρφιά

clavos

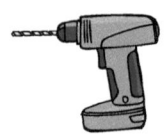

τρυπάνι

taladro

επισκευάζω

reparar

φτυάρι

pala

Να πάρει!

¡Maldición!

φαράσι

recogedor

δοχείο χρωμάτων

bote de pintura

βίδες

tornillos

μουσικά όργανα
instrumentos musicales

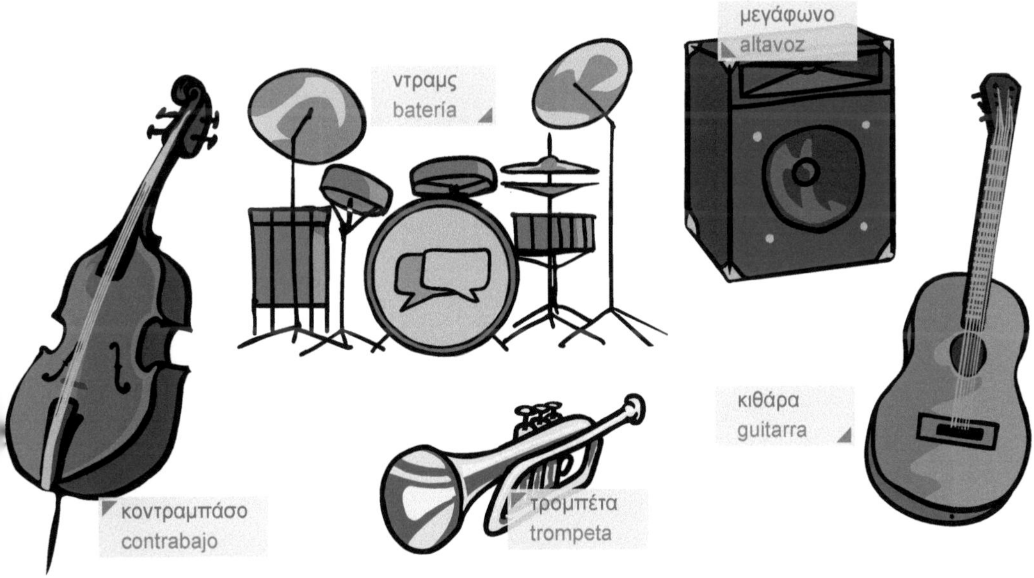

ντραμς
batería

μεγάφωνο
altavoz

κιθάρα
guitarra

κοντραμπάσο
contrabajo

τρομπέτα
trompeta

πιάνο
piano

βιολί
violín

μπάσο
bajo

τύμπανα
timbales

τύμπανο
tambor

πλήκτρα
teclado

σαξόφωνο
saxofón

φλάουτο
flauta

μικρόφωνο
micrófono

ζωολογικός κήπος
zoológico

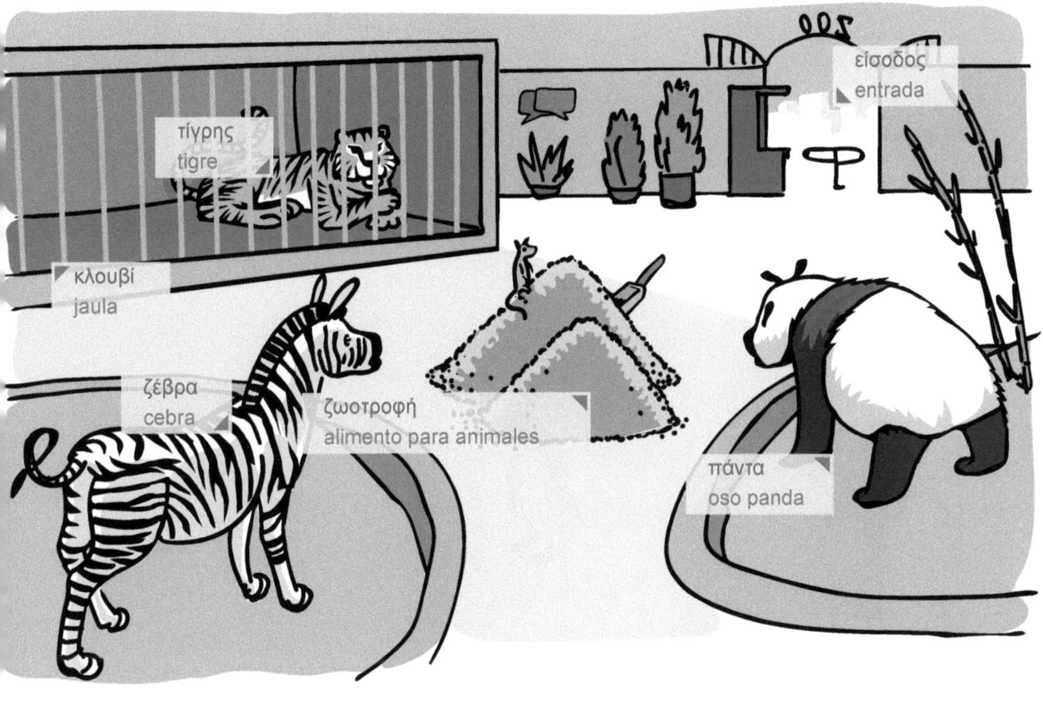

τίγρης
tigre
είσοδος
entrada
κλουβί
jaula
ζέβρα
cebra
ζωοτροφή
alimento para animales
πάντα
oso panda

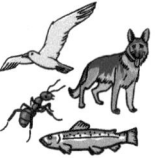

ζώα

animales

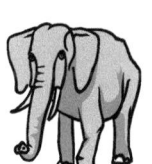

ελέφαντας

elefante

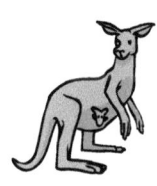

καγκουρό

canguro

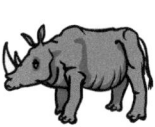

ρινόκερος

rinoceronte

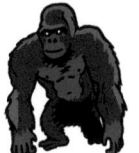

γορίλας

gorila

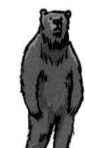

αρκούδα

oso

καμήλα

camello

στρουθοκάμηλος

avestruz

λιοντάρι

león

πίθηκος

mono

φλαμίνγκο

flamenco

παπαγάλος

loro

πολική αρκούδα

oso polar

πιγκουίνος

pingüino

καρχαρίας

tiburón

παγώνι

pavo real

φίδι

serpiente

κροκόδειλος

cocodrilo

φύλακας ζωολογικού κήπου

guardián de zoológico

φώκια

foca

τζάγκουαρ

jaguar

πόνυ
poni

λεοπάρδαλη
leopardo

ιπποπόταμος
hipopótamo

καμηλοπάρδαλη
jirafa

αετός
águila

αγριογούρουνο
jabalí

ψάρι
pescado

χελώνα
tortuga

θαλάσσιος ίππος
morsa

αλεπού
zorro

γαζέλα
gacela

Αμερικάνικο ποδόσφαιρο
fútbol americano

ποδηλασία
ciclismo

αντισφαίριση
tenis

μπάσκετ
baloncesto

κολύμβηση
natación

χόκεϊ επί πάγου
hockey sobre hielo

πυγχαμία
boxeo

ποδόσφαιρο
fútbol

μπάντμιντον
bádminton

στίβος
atletismo

χάντμπολ
handball

σκι
esquí

πόλο
polo

δραστηριότητες
actividades

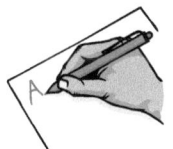

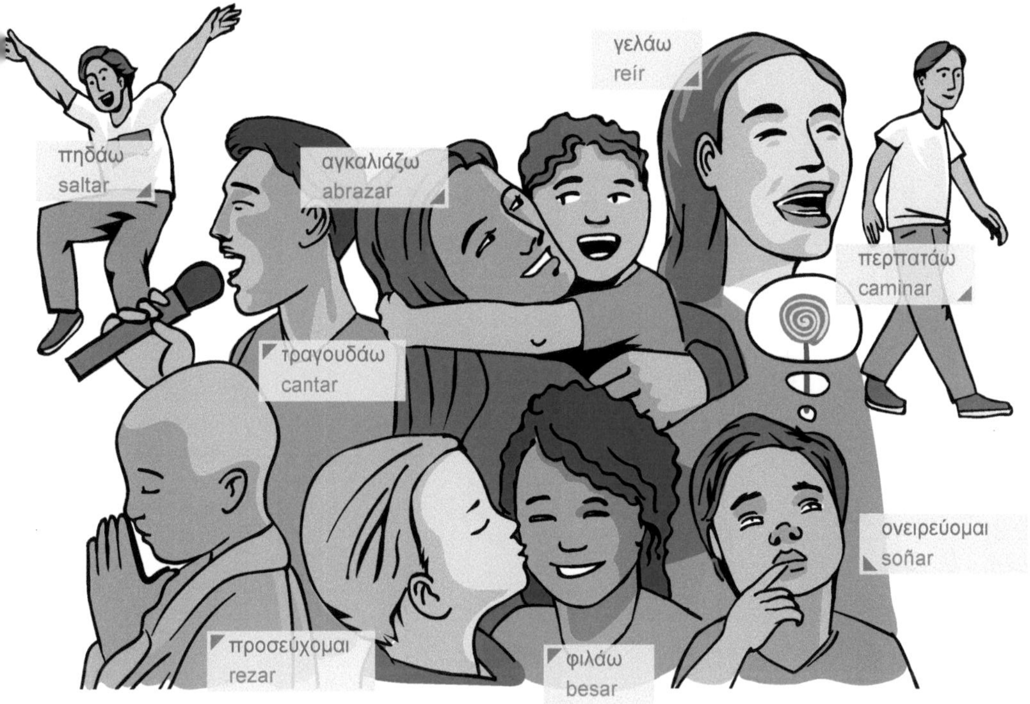
γελάω
reír
πηδάω
saltar
αγκαλιάζω
abrazar
περπατάω
caminar
τραγουδάω
cantar
ονειρεύομαι
soñar
προσεύχομαι
rezar
φιλάω
besar

γράφω
escribir

σχεδιάζω
dibujar

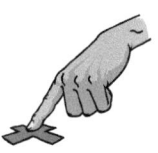

δείχνω
mostrar

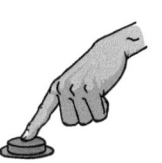

πιέζω
empujar

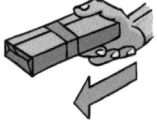

δίνω
dar

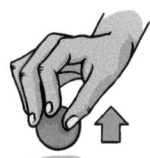

παίρνω
tomar

έχω

tener

κάνω

hacer

είμαι

ser

στέκομαι

estar parado

τρέχω

correr

τραβάω

jalar

ρίχνω

arrojar

πέφτω

caer

ξαπλώνω

estar acostado

περιμένω

esperar

κουβαλώ

llevar

κάθομαι

estar sentado

φοράω

vestirse

κοιμάμαι

dormir

ξυπνάω

despertar

κοιτάω

mirar

κλαίω

llorar

χαϊδεύω

acariciar

χτενίζω

peinar

μιλάω

hablar

καταλαβαίνω

entender

ρωτάω

preguntar

ακούω

escuchar

πίνω

beber

τρώω

comer

συγυρίζω

ordenar

αγαπάω

amar

μαγειρεύω

cocinar

οδηγώ

conducir

πετάω

volar

δραστηριότητες - actividades

κάνω ιστιοπλοΐα

navegar

υπολογίζω

calcular

διαβάζω

leer

μαθαίνω

aprender

δουλεύω

trabajar

παντρεύομαι

casarse

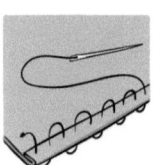

ράβω

coser

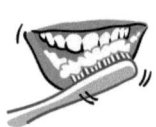

βουρτσίζω τα δόντια

cepillarse los dientes

σκοτώνω

matar

καπνίζω

fumar

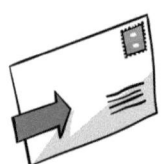

στέλνω

enviar

γιαγιά
abuela

παππούς
abuelo

πατέρας
padre

μητέρα
madre

μωρό
bebé

κόρη
hija

γιος
hijo

καλεσμένος

invitado

θεία

tía

θείος

tío

αδελφός

hermano

αδελφή

hermana

σώμα

cuerpo

μέτωπο
frente
μάτι
ojo
ώμος
hombro
δάχτυλο
dedo
πρόσωπο
cara
πιγούνι
barbilla
χέρι
mano
πόδι
pierna
στήθος
pecho
βραχίονας
brazo

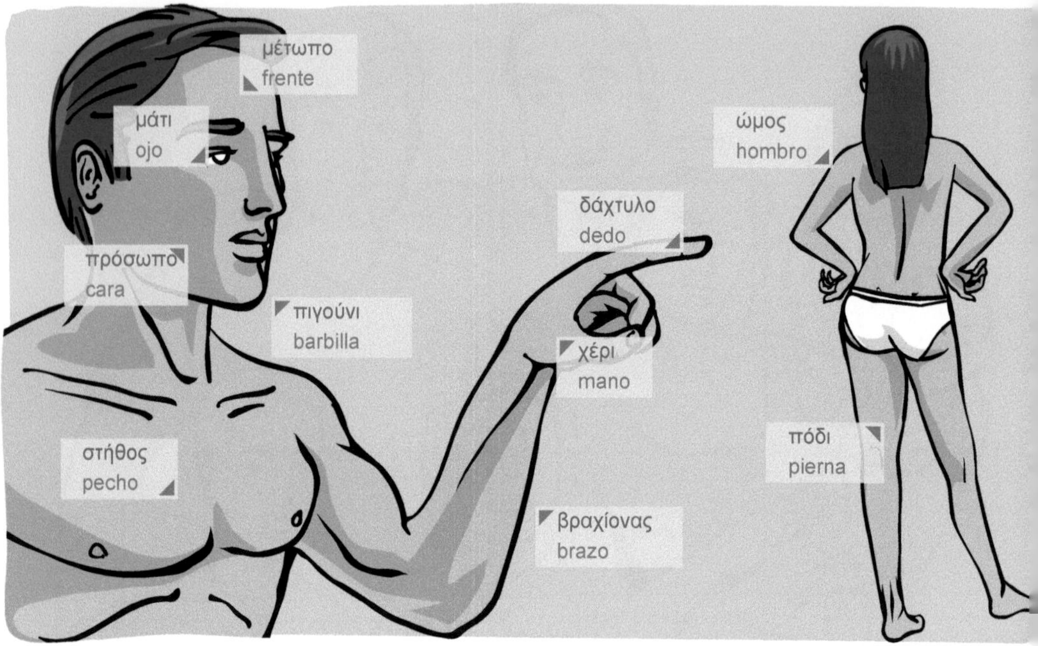

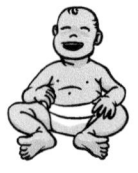

μωρό

bebé

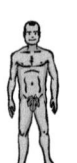

άνδρας

hombre

γυναίκα

mujer

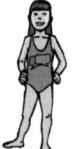

κορίτσι

niña

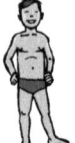

αγόρι

niño

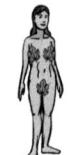

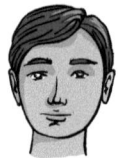

κεφάλι

cabeza

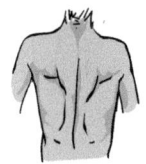

πλάτη

espalda

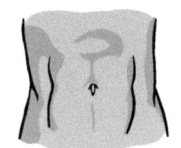

κοιλιά

barriga

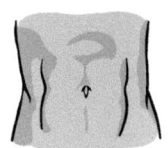

αφαλός

ombligo

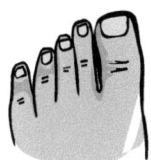

δάχτυλο ποδιού

dedo dpie

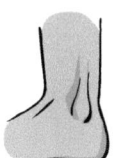

φτέρνα

talón

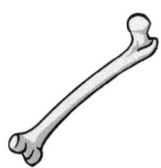

κόκκαλο

hueso

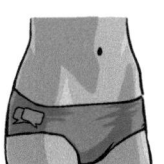

γοφός

cadera

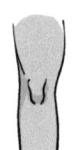

γόνατο

rodilla

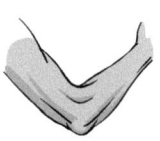

αγκώνας

codo

μύτη

nariz

γλουτός

pompis

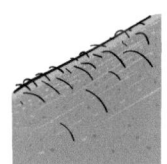

δέρμα

piel

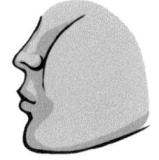

μάγουλο

mejilla

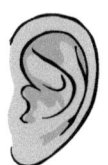

αυτί

oído

χείλος

labio

στόμα

boca

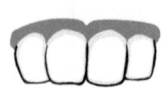

δόντι

diente

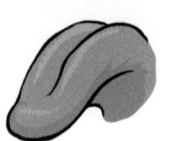

γλώσσα

lengua

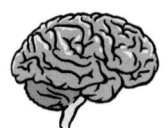

εγκέφαλος

cerebro

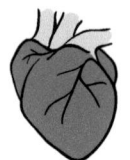

καρδιά

corazón

μυς

músculo

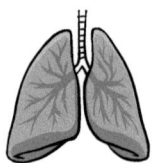

πνεύμονας

pulmón

συκώτι

hígado

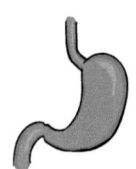

στομάχι

estómago

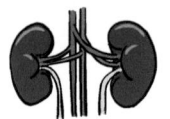

νεφρά

riñones

σεξουαλική επαφή

sexo

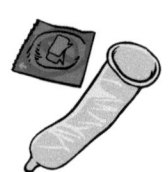

προφυλακτικό

condón

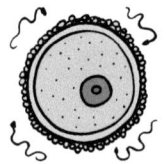

ωάριο

óvulo

σπέρμα

semen

εγκυμοσύνη

embarazo

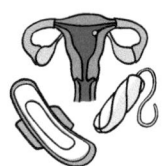

περίοδος

menstruación

γυναικείος κόλπος

vagina

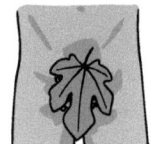

πέος

pene

φρύδι

ceja

μαλλιά

cabello

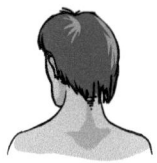

λαιμός

cuello

νοσοκομείο
hospital

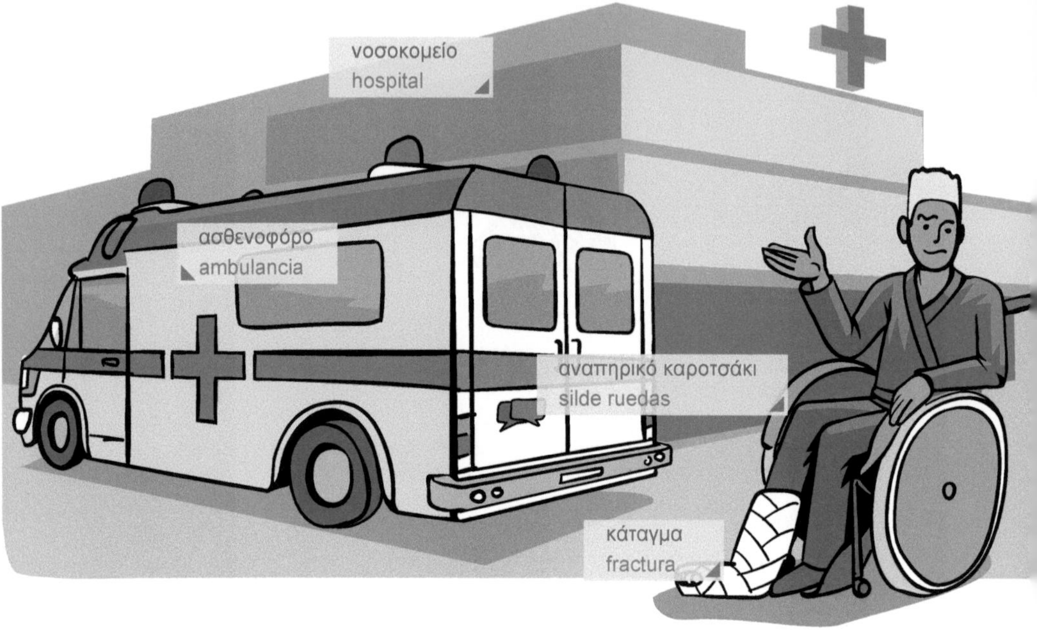

νοσοκομείο
hospital
ασθενοφόρο
ambulancia
αναπηρικό καροτσάκι
silde ruedas
κάταγμα
fractura

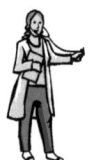

γιατρός

médico

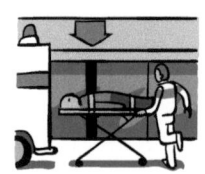

μονάδα εντατικής θεραπείας

sade emergencias

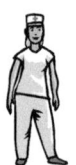

νοσοκόμα

enfermera

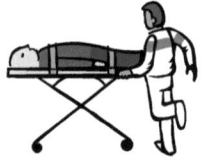

έκτακτη ανάγκη

emergencia

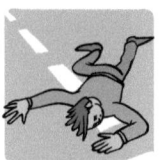

λιπόθυμος

inconsciente

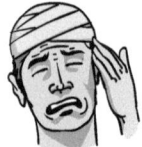

πόνος

dolor

τραύμα

lesión

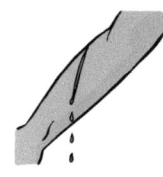

αιμορραγία

hemorragia

έμφραγμα

infarto

εγκεφαλικό

accidente cerebrovascular

αλλεργία

alergia

βήχας

tos

πυρετός

fiebre

γρίπη

gripa

διάρροια

diarrea

πονοκέφαλος

dolor de cabeza

καρκίνος

cáncer

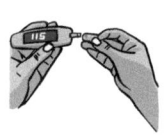

διαβήτης

diabetes

χειρουργός

cirujano

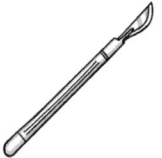

νυστέρι

bisturí

εγχείρηση

operación

αξονική τομογραφία

TC

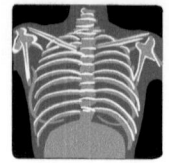

ακτινογραφία

rayos x

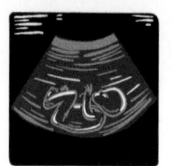

υπέρηχος

ultrasonido

μάσκα

mascarilla

ασθένεια

enfermedad

αίθουσα αναμονής

sade espera

πατερίτσα

muleta

χάνσαπλαστ

vendita

επίδεσμος

vendaje

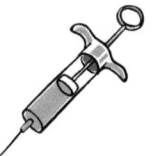

ένεση

inyección

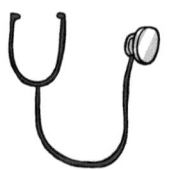

στηθοσκόπιο

estetoscopio

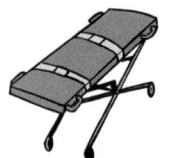

φορείο

camilla

θερμόμετρο

termómetro

γέννηση

nacimiento

υπέρβαρο

sobrepeso

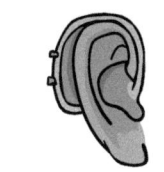

ακουστικό βαρηκοΐας

audífono

αντισηπτικό

desinfectante

λοίμωξη

infección

ιός

virus

HIV/AIDS

VIH / SIDA

φάρμακο

medicina

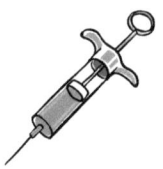

εμβολιασμός

vacunación

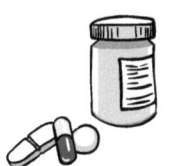

δισκία

tabletas

χάπι

pastilanticonceptiva

κλήση έκτακτης ανάγκης

llamada de emergencia

πιεσόμετρο αίματος

medidor de presión

άρρωστος / υγιής

enfermo / sano

Βοήθεια!

¡Socorro!

συναγερμός

alarma

βιαιοπραγία

agresión

επίθεση

ataque

κίνδυνος

peligro

έξοδος κινδύνου

salida de emergencia

Φωτιά!

¡Fuego!

πυροσβεστήρας

extintor de incendios

ατύχημα

accidente

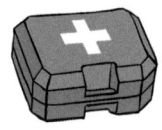

κουτί πρώτων βοηθειών

botiquín de primeros auxilios

SOS

SOS

αστυνομία

policía

Ευρώπη

Europa

Βόρεια Αμερική

Norteamérica

Νότια Αμερική

Sudamérica

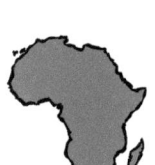

Αφρική

África

Ασία

Asia

Αυστραλία

Australia

Ατλαντικός Ωκεανός

Atlántico

Ειρηνικός Ωκεανός

Pacífico

Ινδικός Ωκεανός

Océano Índico

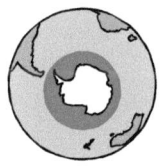

Ανταρκτικός Ωκεανός

Océano Antártico

Αρκτικός Ωκεανός

Océano Ártico

Βόρειος Πόλος

polo norte

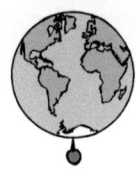

Νότιος Πόλος

polo sur

Ανταρκτική

Antártida

Γη

tierra

γη

tierra

θάλασσα

mar

νησί

isla

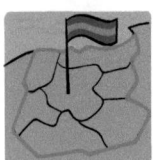

έθνος

nación

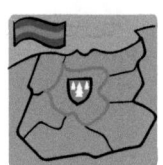

πολιτεία

estado

καντράν ρολογιού

esfera

ωροδείκτης

manecilde las horas

λεπτοδείκτης

minutero

δείκτης δευτερολέπτων

segundero

Τι ώρα είναι;

¿Qué hora es?

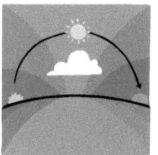

ημέρα

día

χρόνος

hora

τώρα

ahora

ψηφιακό ρολόι

reloj digital

λεπτό

minuto

ώρα

hora

εβδομάδα

semana

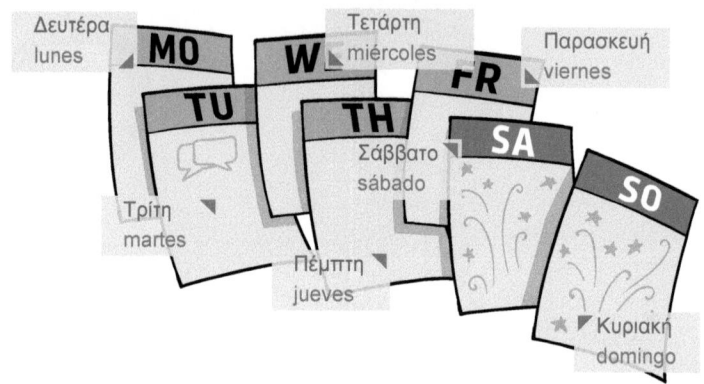

Δευτέρα / lunes — MO
Τρίτη / martes — TU
Τετάρτη / miércoles — WE
Πέμπτη / jueves — TH
Παρασκευή / viernes — FR
Σάββατο / sábado — SA
Κυριακή / domingo — SO

χθες
....
ayer

σήμερα
....
hoy

αύριο
....
mañana

πρωί
....
mañana

μεσημέρι
....
mediodía

βράδυ
....
tarde

εργάσιμες ημέρες
....
días laborables

Σαββατοκύριακο
....
fin de semana

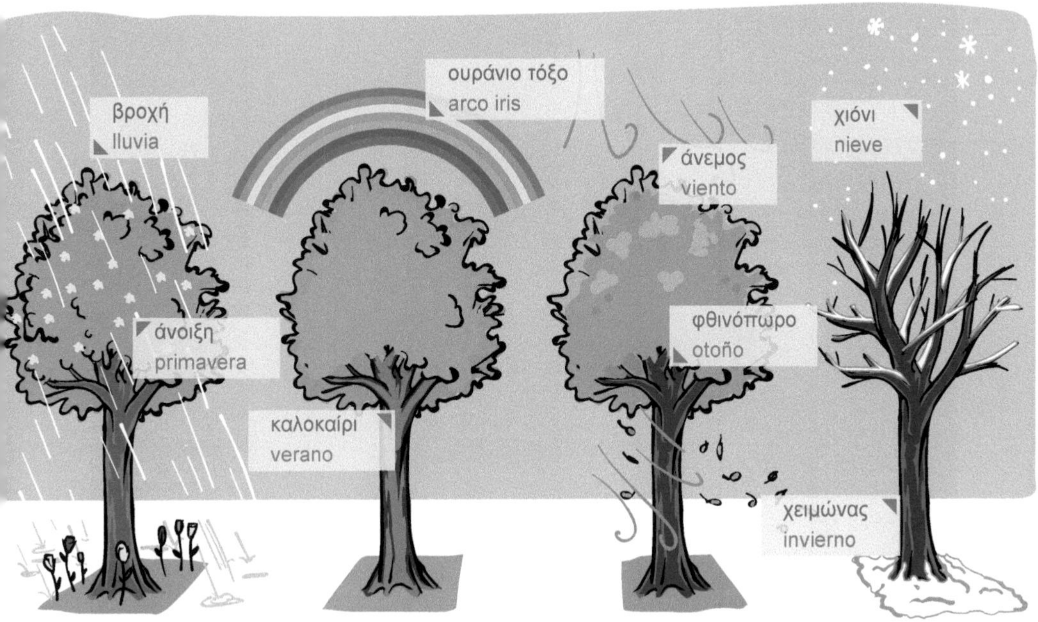

βροχή
lluvia
ουράνιο τόξο
arco iris
χιόνι
nieve
άνεμος
viento
άνοιξη
primavera
φθινόπωρο
otoño
καλοκαίρι
verano
χειμώνας
invierno

4.APRIL 11°
5.APRIL 4°
6.APRIL 13°
7.APRIL 8°
8.APRIL 10°

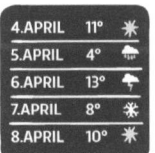

πρόγνωση καιρού

pronóstico dtiempo

F
C

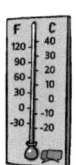

θερμόμετρο

termómetro

λιακάδα

sol

σύννεφο

nube

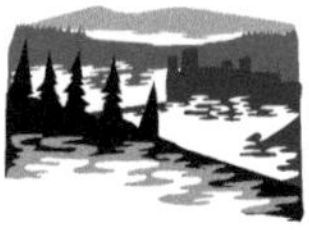

ομίχλη

niebla

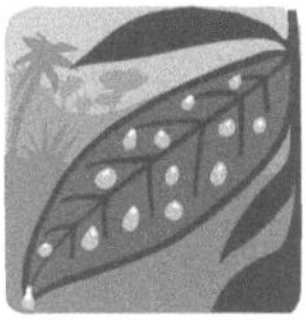

υγρασία

humedad

αστραπή

rayo

κεραυνός

trueno

καταιγίδα

tormenta

χαλάζι

granizo

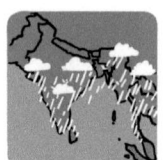

μουσώνας

monzón

πλημμύρα

inundación

πάγος

hielo

Ιανουάριος

enero

Φεβρουάριος

febrero

Μάρτιος

marzo

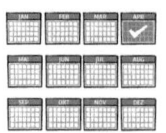

Απρίλιος

abril

Μάιος

mayo

Ιούνιος

junio

Ιούλιος

julio

Αύγουστος

agosto

έτος - año

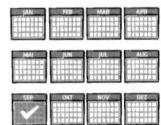

Σεπτέμβριος
....
septiembre

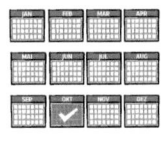

Οκτώβριος
....
octubre

Νοέμβριος
....
noviembre

Δεκέμβριος
....
diciembre

σχήματα
formas

κύκλος
....
círculo

τετράγωνο
....
cuadrado

ορθογώνιο
παραλληλόγραμμο
rectángulo

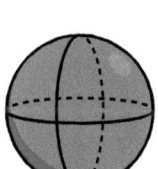

τρίγωνο
....
triángulo

σφαίρα
....
esfera

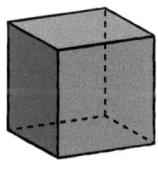

κύβος
....
cubo

άσπρο

blanco

κίτρινο

amarillo

πορτοκαλί

naranja

ροζ

rosa

κόκκινο

rojo

μωβ

morado

μπλε

azul

πράσινο

verde

καφέ

marrón

γκρι

gris

μαύρο

negro

πολύ / λίγο
mucho / poco

θυμωμένος / ήρεμος
enojado / tranquilo

όμορφος / άσχημος
bonito / feo

αρχή / τέλος
principio / fin

μεγάλος / μικρός
grande / pequeño

φωτεινός / σκοτεινός
claro / oscuro

αδελφός / αδελφή
hermano / hermana

καθαρός / λερωμένος
limpio / sucio

πλήρης / ατελής
completo / incompleto

ημέρα / νύχτα
día / noche

νεκρός / ζωντανός
muerto / vivo

φαρδύς / στενός
ancho / angosto

βρώσιμος / μη βρώσιμος

comestible / no comestible

κακός / ευγενικός

malo / amable

ενθουσιασμένος / βαριεστημένος

entusiasmado / aburrido

παχύς / λεπτός

gordo / delgado

πρώτος / τελευταίος

primero / último

φίλος / εχθρός

amigo / enemigo

γεμάτος / άδειος

lleno / vacío

σκληρός / μαλακός

duro / blando

βαρύς / ελαφρύς

pesado / ligero

πείνα / δίψα

hambre / sed

άρρωστος / υγιής

enfermo / sano

παράνομος / νόμιμος

ilegal / legal

έξυπνος / χαζός

inteligente / tonto

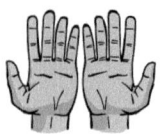

αριστερός / δεξιός

izquierda / derecha

κοντινός / μακρινός

cerca / lejos

καινούριος /
μεταχειρισμένος

nuevo / usado

τίποτα / κάτι

nada / algo

γέρος | νέος

viejo / joven

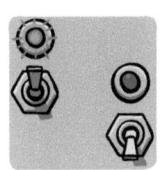

αναμμένος / σβηστός

encendido / apagado

ανοιχτός / κλειστός

abierto / cerrado

χαμηλόφωνος /
μεγαλόφωνος
silencioso / ruidoso

πλούσιος / φτωχός

rico / pobre

σωστός / λανθασμένος

correcto / incorrecto

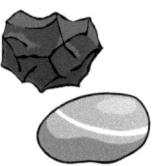

τραχύς / λείος

áspero / suave

λυπημένος / χαρούμενος

triste / contento

κοντός / μακρύς

corto / largo

αργός / γρήγορος

lento / rápido

υγρός / στεγνός

húmedo / seco

ζεστός / δροσερός

caliente / frío

πόλεμος / ειρήνη

guerra / paz

0	**1**	**2**
μηδέν	ένα	δύο
cero	uno	dos

3	**4**	**5**
τρία	τέσσερα	πέντε
tres	cuatro	cinco

6	**7**	**8**
έξι	εφτά	οκτώ
seis	siete	ocho

9	**10**	**11**
εννιά	δέκα	έντεκα
nueve	diez	once

12
δώδεκα
doce

13
δεκατρία
trece

14
δεκατέσσερα
catorce

15
δεκαπέντε
quince

16
δεκαέξι
dieciséis

17
δεκαεφτά
diecisiete

18
δεκαοκτώ
dieciocho

19
δεκαεννέα
diecinueve

20
είκοσι
veinte

100
εκατό
cien

1.000
χίλια
mil

1.000.000
εκατομμύριο
millón

Αγγλικά

inglés

Αμερικάνικα Αγγλικά

inglés americano

Μανδαρίνικα Κινέζικα

chino mandarín

Χίντι

hindi

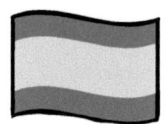

Ισπανικά

español

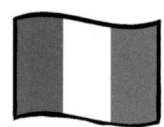

Γαλλικά

francés

Αραβικά

árabe

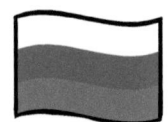

Ρώσικα

ruso

Πορτογαλικά

portugués

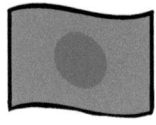

Μπενγκάλι

bengalí

Γερμανικά

alemán

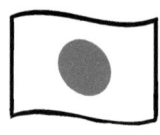

Ιαπωνικά

japonés

εγώ

yo

εσύ

tú

αυτός / αυτή / αυτό

él / ella

εμείς

nosotros

εσείς

vosotros

αυτοί / αυτές / αυτά

ellos

ποιος / ποια / ποιο;

¿quién?

τι;

¿qué?

πώς;

¿cómo?

πού;

¿dónde?

πότε;

¿cuándo?

όνομα

nombre

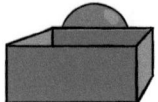

πίσω

detrás

μέσα

en

μπροστά

delante de

πάνω από

por encima de

πάνω

sobre

κάτω

debajo de

δίπλα

junto a

ανάμεσα

entre

μέρος

lugar